PREFÁCIO
AMARA MOIRA

POSFÁCIO
NETO LUCON

Dácio Pinheiro

Claudia Wonder
Flor do Asfalto

ERCOLANO

© Ercolano Editora, 2024
Esta publicação segue as normas do Acordo Ortográfico da Língua
Portuguesa, Decreto nº 6.583, de 29 de setembro de 2008.

DIREÇÃO EDITORIAL
Régis Mikail
Roberto Borges

COORDENAÇÃO EDITORIAL
Mariana Delfini

TRANSCRIÇÃO DE ENTREVISTAS
Ana Claudia Pinheiro

REVISÃO
Bárbara Waida

PROJETO GRÁFICO
Estúdio Margem

DIAGRAMAÇÃO
Aleksandra Lindenberg
Joyce Kiesel

"Meu amigo Claudia" foi publicado por Caio Fernando Abreu na coluna do jornal
O Estado de S. Paulo em junho de 1986 © by herdeiros de Caio Fernando Abreu

As imagens aqui reproduzidas pertencem ao acervo pessoal de Claudia
Wonder. Todos os esforços foram feitos no sentido de identificar seus autores.
Caso possua mais informações, favor entrar em contato com a editora para
providenciarmos eventuais correções pelo email contato@ercolano.com.br

Verso da orelha: foto de Claudia Guimarães
p. 7: foto de Vania Toledo
p. 163: foto de Moises Pazianotto

Todos os direitos reservados à Ercolano Editora Ltda. © 2024.
A reprodução não autorizada desta publicação, no todo ou em parte,
e em quaisquer meios impressos ou digitais, constitui violação de
direitos autorais (Lei nº 9.610/98).

AGRADECIMENTOS

Alexandre Chalabi, Alfredo Sternheim (in memoriam), Almir Almas, Ana Fadigas, André Botelho, André "Pomba" Cagni (in memoriam), Beatriz Reingenheim, Biba Werdesheim, Carolina Pio Pedro, Chica Mendonça, Christiane Silva, Clarice Reichstul, Daniel Chaia, Daniel Soro, Daniel Zanardi, Daniela Senador, Danilo Monzillo, Edward MacRae, Ézio Fernandes, Geisa França, Glauco Mattoso, Grace Gianoukas, José Celso Martinez Corrêa (in memoriam), Kid Vinil (in memoriam), Laura Finochiaro, Láiany Oliveira, Leão Lobo, Leilah Rios, Marcelo Celuzo, Marcelo Maia, Mariana Abreu, Mariana Guerra, Matthias Källin, Neto Lucon, Nivaldo Godoy Jr., Paula Menezes, Paulo Beto, Panais Bouki, Pierre-Alain Meier, Pierre de Kerchove, Ricardo Ortega (Reka), Rodrigo de Araujo, Rodrigo Menecucci, Rodrigo Pimenta, Sérgio Mamberti (in memoriam), Tom Ehrhardt, Valter Nu, Victória Pimentel, Vivian Sehn Tedeschi, Zilmara Pimentel.

ENTREVISTADORA
A luz está incomodando?
CLAUDIA
Não, eu gosto.

E. Qual o seu signo?
C. Meu signo? Eu sou do signo de aquário.

E. E seu ascendente?
C. Meu ascendente é leão.

E. Como surgiu "Wonder"?
C. Ah, Wonder? Wonder surgiu porque meus amigos, minhas amigas me chamavam de "Maravilha": "A Claudia! Que Claudia? A Claudia Maravilha!". Aí, eu achei tão pobre, sabe? Falei "Wonder", né? O Brasil é meio americanizado, então entrei nessa.

E. Quem é Wonder?
C. Wonder? Quem é Wonder? Wonder é tudo, né? Tudo é Wonder, eu sou Wonder; é prestígio, magnífico, maravilha. Tenho bom astral.

E. Conta um pouco da sua trajetória de vida.
C. Ah! Vamos ficar aqui até amanhã...

Trecho de entrevista realizada por Silvana Afram em 1984.

É feia. Mas é uma flor. Furou o asfalto, o tédio, o nojo e o ódio.
Carlos Drummond de Andrade, "A flor e a náusea"

SUMÁRIO

20 PREFÁCIO
Claudia [a diva da dúvida] Wonder
AMARA MOIRA

28 APRESENTAÇÃO
Minha amiga Claudia
DÁCIO PINHEIRO

FLOR DO ASFALTO

40   I.   Não tinha outros meninos como eu
48   II.   O meu lugar, os meus iguais
54   III.   A celebração das travestis

62	IV.	Paris foi o maior barato
70	V.	"Não seja afobada"
78	VI.	Fazer filme pornô não é legal para a carreira
86	VII.	O Vômito do Mito
110	VIII.	Meu amigo Claudia
116	IX.	Camarada Verdade
122	X.	O Brasil não estava preparado
130	XI.	Liberdade sexual para todos
148	XII.	Eterna construção
156	XIII.	São Paulo é o asfalto onde nasce a flor
162	XIV.	Eu tô sempre ligada no novo

170 POSFÁCIO
Para sempre
Claudia Wonder
NETO LUCON

180 BÔNUS TRACK
A verdadeira história
do ursinho misterioso
CLAUDIA WONDER

182 APÊNDICE
Obras de Claudia Wonder

PREFÁCIO

20

CLAUDIA [A DIVA DA DÚVIDA] WONDER

AMARA MOIRA[1]

---

1. Escritora, pesquisadora e ativista brasileira na promoção da visibilidade trans. Reconhecida por seu trabalho na área de estudos de gênero e diversidade sexual, é autora dos livros *E se eu fosse puta* (2016) e *Neca* (2024).

Vejam bem, eu nasci em 1985, a Linn da Quebrada, em 1990, e quando finalmente assisti a um show dessa bonita aqui, nos idos de 2016, parecia que nada comparável havia existido até então: era como se finalmente as travestis tivessem invadido, ocupado o domínio das artes. Mas isso não era nem de longe verdade, pois, apesar do brilhantismo de Linn (e mesmo das que despontaram junto com ela ou logo após), ela só estava onde estava porque outras tão babadeiras quanto, mas muitíssimo menos conhecidas, foram pavimentando o caminho que ela trilhou. E, das babadeiras artistas que forjaram esse caminho, um nome decisivo é sem dúvida o de Claudia Wonder.

Numa época em que as travestis recém se faziam notar no cenário das grandes cidades, viabilizando sua existência quase exclusivamente através da prostituição precária, dos salões de beleza ou, no melhor dos casos, dos shows de glamour, Claudia valeu-se desses três trabalhos, mas aproveitou para inventar um caminho distinto, até então impensável: fez-se cantora de punk rock, reverenciada no udigrudi paulistano, a ponto de chamar a atenção de gente grande da cultura brasileira, como um Cazuza, um Glauco Mattoso, um Zé Celso, um Caio Fernando Abreu.

Pense-se, por exemplo, no inusitado de, no começo dos anos 80, ela posar nua para a revista pornográfica *Big Man Internacional* e, em vez de receber todo o cachê em dinheiro, trocar o grosso dele por lambe-lambes para a divulgação de seu show *O Vômito do Mito* (expressão curiosa, considerando-se os dias atuais, mas que para Claudia representava vomitar a ideia de que travesti só serve para fazer dublagem).

O título do show, aliás, foi tirado de um poema que ela musicou de Glauco Mattoso, figura que seria chave da poesia marginal, não fosse o fato de sua produção (brilhante!) explorar obsessivamente aspectos tabus da sua própria existência: a temática da cegueira, atrelada à da homossexualidade e à do fetichismo (a adoração de pés masculinos sujos e fedidos sendo sua prática sexual favorita, mencionada em boa parte dos seus poemas).

A geração mimeógrafo não tinha condições de lidar com tanto desbunde, assim como o próprio movimento LGBTQIA+ da época, o que levou Glauco a se tornar um nome solitário das nossas letras e militância. E, assim como ele, Claudia, que bem no auge da pandemia do HIV/aids (final dos anos 1980) realizou uma performance inesquecível no lendário clube Madame Satã: após despir-se de uma capa com a bandeira do Brasil, ela entrou nua, com uma máscara de demônio, numa banheira cheia de groselha simbolizando sangue — show de hard rock, o líquido vermelho sendo espirrado em cima de todo mundo para desmistificar o medo irracional que o tema então suscitava.

Não bastasse isso, ela ainda afirma, com certo orgulho, ter sido a primeira travesti tanto a posar mostrando o genital quanto a gravar filmes de sexo explícito (vários são os títulos de pornochanchada que contaram com sua participação). Cenas suas de nudez ocorreram também na montagem inédita de *O homem e o cavalo* (1984), de Oswald de Andrade, realizada pelo Teatro Oficina de Zé Celso Martinez Corrêa, quando ela ocupou o lugar que seria de Sônia Braga no papel de Camarada Verdade.

Por sinal, acabo de lembrar que, no bajubá, "cláu-dia" significa "gozo", e "dizar a Cláudia" ou "fazer a cláudia gritar", "gozar" — uma homenagem, talvez? Quem dera, mas não... A origem da expressão deve-se a outra Claudia, a Leitte, que, convenhamos, nunca fez por merecê-la. Já a nossa Wonder, sim, pois defendia uma nova forma de a travesti se relacionar com o próprio corpo e com o próprio prazer, desafiando o que ela chamava de "imposições sociais": numa de suas entrevistas, ela chega a afirmar que só colocou prótese porque, quando vivia em Paris, apenas travestis com peito eram contratadas para shows. Questão de sobrevivência, portanto, ainda que ela achasse o máximo ter um corpo andrógino, ostentando atributos que a sociedade não sabia decidir se eram masculinos ou femininos.

"Sou diva/ da dúvida/ e não devo explicação", diz ela numa de suas canções mais emblemáticas, "Diva da dúvida",[2] onde também afirma: "a verdade do que sou/ não está no RG". No mesmo álbum, explora ainda as dores e delícias de sua condição ambígua e dessa recusa em se enquadrar nos padrões normativos de gênero:

> *A mentira do meu corpo*
> *que você leva pra cama,*
> *a verdade em minha alma*
> *se confunde com meu drama.*
>
> *Sou assim de dia,*
> *sou assim de noite,*
> *travesti do teu amor,*
> *travesti do teu açoite.*[3]

Da experiência punk rock dos anos 1980, destacam-se suas produções com as bandas Jardim das Delícias e Truque Sujo, dentre elas "Jardim das delícias", "Batgirl" e "Barra pesada" (versão afrontosa de "Walk on the Wild Side", de Lou Reed). Os temas que mais aparecem nessas composições são a travestilidade, a prostituição e o sexo.

Impossível não mencionar aqui o seu livro de crônicas, *Olhares de Claudia Wonder*.[4] Nele estão reunidos mais de cinquenta colunas que Claudia publicou na *G Magazine*, textos que apresentam toda a sofisticação do seu pensamento e promovem um resgate pioneiro da

---

2   "Diva da dúvida", em *FunkyDiscoFashion*. Lua Music, 2008.
3   "Travesti", em *FunkyDiscoFashion*. Lua Music, 2008.
4   WONDER, Claudia. *Olhares de Claudia Wonder*. São Paulo: Edições GLS, 2008.

memória transvestigênere nacional e internacional. Para quem queira mergulhar em sua biografia, recomendo o belíssimo documentário *Meu amigo Claudia* (2009), de Dácio Pinheiro. O título deriva da crônica homônima que, em 17 de junho de 1986, Caio Fernando Abreu publicou no jornal *O Estado de São Paulo*. Caio, que se tornaria um dos principais admiradores e divulgadores de Claudia, lá escreve: "Meu amigo Claudia incorporou, no cotidiano, a mais desafiadora das ambiguidades: ela (ou ele?) movimenta-se o tempo todo naquela fronteira sutilíssima entre o 'macho' e a 'fêmea'".

Num momento em que vamos nos habituando a entender a identidade travesti como exclusivamente feminina, uma subcategoria de "mulher" (já existe até quem use a expressão "mulher travesti"), essa fixação cisgênera em usar ambos os gêneros para se referir a nós pode soar um tanto incômoda. Em função disso, muitas pessoas trans costumam torcer o nariz seja para a crônica de Caio, seja para o documentário de Dácio, tachando-os de transfóbicos. Um grande equívoco, pois isso significa perdermos de vista a forma como a comunidade travesti à época lidava com essa ambivalência, gozava com essa fluidez. A própria Claudia, inclusive, até por ter se descoberto intersexo às vésperas de completar cinquenta anos:

> Fiquei sabendo que, quando eu nasci, o meu pênis não era desenvolvido, os médicos queriam amputar meu testículo para que eu crescesse como menina. Mas haveria a possibilidade de o meu pênis desenvolver. E foi o que aconteceu, dois meses depois ele brotou e aí, graças a Deus, não parou mais, hoje é um sexo masculino normal. Se tivessem me amputado, hoje eu não seria nada.

O que me faz pensar no Paul B. Preciado de "Carta de um homem trans ao antigo regime sexual", em especial quando ele afirma que "nossa maior urgência não é defender o que somos (homens ou mulheres), mas rejeitá-lo, é desidentificar-nos da coação política que nos força a desejar a norma e a repeti-la".[5] Proposição com a qual Claudia estaria perfeitamente de acordo, acredito eu.

Tristeza da minha vida: sua última aparição em público deu-se em 10 de outubro de 2010, na Unicamp, quando eu lá estudava. Nem fiquei sabendo do evento, contudo. Se eu tivesse encontrado a Claudia nessa época, é capaz que a minha fantasia pública de homem cis hétero tivesse se desfeito bem antes. E, já que mencionei essa data cabalística (10/10/2010), termino apontando que ela, nascida em 1955, alcançou os 55 anos de idade, feito ainda hoje raro para a maioria das travestis, mas que, muito em função de *wonders* como ela, vem cada vez se tornando mais normal. Normalizemos o envelhecer travesti.

---

[5] PRECIADO, Paul B. *Um apartamento em Urano: Crônicas da travessia*. Trad. de Eliana Aguiar. Rio de Janeiro: Zahar, 2020, p. 316.

APRESENTAÇÃO

28

MINHA AMIGA CLAUDIA

DÁCIO PINHEIRO[1]

---

1   Cineasta e produtor, dirigiu e produziu diversos curtas e projetos independentes. É diretor dos documentários *Eletrônica:Mentes* (2019) e *Lenita* (2023) e do premiado curta de ficção *O aniversário do seu Lair* (2022). Entre seus trabalhos mais destacados está *Meu amigo Claudia* (2009), premiado em festivais como Mix Brasil e LesGaiCineMad.

Eu já tinha cruzado com Claudia Wonder em algumas ocasiões no Festival Mix Brasil e a tinha visto algumas vezes como destaque em carros da Parada LGBTI+ em São Paulo, embora nunca tenhamos conversado direito. Sabia que ela era uma icônica travesti, figura lendária da cena underground paulistana, e que tinha uma história importante, sobre a qual eu conhecia muito pouco.

Em 2003, eu estava imerso na criação de dois curtas-metragens ao lado de uma amiga, a performer e professora travesti Bianca Exótica, quando o artista plástico Rick Castro e a fotógrafa Claudia Guimarães me fizeram um convite mais que especial: colaborar com eles em um curta estrelado por Claudia Wonder. As gravações seriam no apartamento de Rick, em Higienópolis.

No dia marcado, Claudia chegou e começou a compartilhar suas memórias. Enquanto era maquiada, contou histórias fascinantes dos seus tempos nos icônicos clubes Madame Satã, Carbono 14 e Rose Bom Bom. Aquela atmosfera era quase mítica para mim. Sempre fui fascinado pela cena underground dos anos 1980, pelos movimentos gótico e pós-punk e por filmes, especialmente os de terror e arte, como os de Andy Warhol, Fassbinder, John Waters, Russ Meyer e de diretores independentes que capturavam aquela atmosfera underground. Para mim, Claudia representava tudo isso, mas num cenário paulistano. E aquilo se conectava profundamente com o meu mundo de descobertas como homem gay cisgênero.

Ainda antes da gravação, Claudia me pediu com toda a naturalidade para ir até seu apartamento buscar uma pasta de fotos guardada em seu guarda-roupa. Achei curioso o pedido, afinal, tínhamos acabado de nos conhecer. Mas peguei a chave e parti rumo ao bairro dos Jardins, em São Paulo, área nobre da cidade. Apesar de ser um bairro que, nos anos 1990, abrigou muitos bares e boates GLS, como o Clube Massivo, poucas travestis habitavam a região, que hoje vive um constante processo de gentrificação, repleta de luxuosas lojas.

Já ao abrir a porta do apartamento, se revelou um universo muito peculiar: uma imagem de Santo Antônio logo à frente; do outro lado, em outra parede, um quadro mostrava uma garotinha vestida de Carmen Miranda. Na sala, uma prateleira de vidro exibia um troféu Ida Feldman, entregue a personalidades que se destacaram no Festival Mix Brasil, além de um ursinho de pelúcia, bonecos dos Teletubbies e uma Barbie vestida de Marilyn Monroe. Acima da prateleira, uma foto linda de Claudia na avenida Paulista. A cozinha era separada do ambiente por uma cortina de argolas de acrílico. Um sofá vermelho vintage dos anos 1960, que parecia ter sido testemunha de muitas histórias, conferia certo ar nostálgico ao local. Por fim, no quarto se via uma cama de casal e, ao lado, uma mesinha com um computador. Peguei a pasta no local indicado, apaguei as luzes e fui embora daquele universo peculiar.

Nossa conexão foi imediata e a amizade floresceu de maneira natural. Nos anos que se seguiram, comecei a gravá-la em várias ocasiões. Eu queria contar sua história em um filme — até então, eu só tinha feito alguns curtas — e Claudia, por sua vez, se mostrava mais que disposta a compartilhar sua trajetória comigo. Começamos a gravar naquele mesmo ano.

No início, visitamos seus amigos e lugares marcantes de sua história. Fizemos passeios pelo centro de São Paulo, em lugares como a Galeria Metrópole, que se tornariam emblemáticos para a então nascente comunidade LGBTI+. Em uma ocasião muito especial, fui com ela ao pré-Carnaval e ficamos em um trio elétrico no Largo do Arouche. Em outro momento, nos encontramos em seu apartamento com os músicos que formavam sua nova banda, Claudia Wonder & The Laptop Boys: Panais Bouki e Nivaldo Godoy Jr. Também frequentávamos muito o Clube Glória, entre outras festas paulistanas.

Enfim, comecei a seguir Claudia onde e quando podia. Eu a acompanhei em diversos eventos na prefeitura, nas reuniões e posse do Conselho da Secretaria de Diversidade Sexual (CADS), na *G Magazine,* onde ela trabalhava como colunista desde 2002. Durante a sua última década de vida, Claudia se dedicou a escrever e a defender os direitos da comunidade, tendo se tornado uma "militante" pela causa. Mas, como dizia José Celso Martinez Corrêa, sua forma de militância não era agressiva: ela fazia tudo com charme, arte e leveza. Embora Claudia apontasse os preconceitos dentro da própria comunidade LGBTI+, ou "GLBT", como era então chamada, ela caía muitas vezes em contradição ao contar suas histórias. Por exemplo, ao mesmo tempo que criticava os que se referiam às travestis usando o pronome masculino, às vezes a própria Claudia acabava usando-o para se referir a elas.

Principalmente, Claudia me contou sobre sua experiência na criação de uma ONG chamada Flor do Asfalto. Esse era o título do blog onde ela publicava textos sobre temas de seu interesse. A ONG tinha Claudia como único membro, e não era regulamentada. Mas foi através dessa iniciativa que Claudia recebeu diversos convites para representar a comunidade em eventos políticos e sociais. Essa imagem da flor que brota do asfalto era forte para ela. Durante um desses nossos passeios, Claudia estava olhando para fora do carro e viu um homem vendendo um maço de sempre-vivas. Ela refletiu e falou, segundo o registro da minha câmera:

> A Flor do Asfalto é a joia do Jardim das Delícias. Digamos que ela é uma delícia, uma maravilha que desafia a dureza do concreto. Solitária, emerge do asfalto, floresce em meio ao cinza, encantando com sua beleza inesperada. Imagina o milagre de seu desabrochar, sua dança delicada ao som da flauta do vento. A Flor do Asfalto carrega em si um espírito de luta. Mesmo diante de toda a adversidade, a flor do asfalto persiste, vinga e brilha, uma prova viva de que a beleza pode florescer em qualquer lugar.

Em diversas ocasiões Claudia e eu tivemos embates, especialmente quando eu sumia por um tempo e ela me cobrava o documentário. Fazer um filme não é algo fácil nem rápido, e Claudia tinha pressa. Em uma dessas ocasiões, ela me ligou e discutiu comigo ao telefone sobre a demora na finalização do documentário, ao ponto de desligar o telefone na minha cara. Tinha ficado com ciúmes de outro filme que eu estava lançando. Nossa relação era assim, marcada por muito amor e confiança, mas também por momentos tensos como esse.

Após um período em que produzi o documentário de forma independente, fechei uma parceria com a produtora Piloto, o que me deu o suporte necessário para realizar as gravações finais entre o final de 2007 e o início de 2008. Nessa nova fase de entrevistas, o ambiente de trabalho mudou: o envolvimento de uma equipe deixou Claudia um pouco mais inibida.

Um dia particularmente difícil para Claudia foi quando falamos sobre seus amigos que haviam falecido em decorrência da aids. Logo depois, ela me telefonou, abalada. Queria cancelar a segunda entrevista. Naquela fase das gravações, Claudia insistiu para comprarmos uma peruca para ela. Mais tarde, quando ela me mostrou alguns machucados na lateral do rosto, eu entendi o motivo: ela queria disfarçar com a peruca as feridas causadas por uma fita que ela usava para puxar os olhos e esconder melhor a idade. Claudia era muito vaidosa.

Em uma das entrevistas que fiz com ela, passeamos pelos Jardins e fomos até o Parque Trianon, onde ela costumava caminhar todos os dias. Claudia — que significa "manca" em latim — mancava de uma perna e eu decidi perguntar o que tinha acontecido:

> Eu tenho problema no joelho. Eu caí do palco no Village Stage e quebrei a perna. Isso foi em 1983. Depois do show,

acabou a força. Era umas quatro da manhã. Eu tinha ido no banheiro do camarim, porque tinha uma fila grande pra ir no banheiro da boate. E aí eu atravessei o palco e ele tinha uma gaveta que abria pro show e tinha uma cortina. Para fazer os shows, eles puxavam essa gaveta para aumentar o palco. Quando eu fui pro banheiro, eu subi pela gaveta, abri a cortina e fui no camarim. Quando eu estava no banheiro do camarim, acabou a força e para as pessoas não se machucarem, os garçons fecharam a gaveta. Quando eu voltei, tateando no escuro, eu abri a cortina e cai, um metro e meio, quebrei a perna na hora. Só eu e Marlene Dietrich e Ann-Margret que caem do palco e quebram a perna.

No decorrer da pesquisa, deparei com vários materiais que me deixaram ainda mais fascinado pelo universo de Claudia. Achei os filmes dos quais ela tinha participado, revistas e jornais com matérias onde ela era sempre citada. Durante uma pesquisa no acervo do jornal *Notícias Populares*, descobri uma coluna assinada pela jornalista Joana Rodrigues, que na época usava o pseudônimo de Julian Gray, o que despertou grande interesse em mim. Claudia era uma figura frequente na coluna, quase que toda semana. Foi uma das primeiras colunas sociais da época, sobre o que se tornaria o universo LGBTI+, uma coisa pré-Noite Ilustrada da Erika Palomino. Tive oportunidade de encontrar muitos arquivos interessantes, inclusive uma entrevista realizada pela diva do rock, Rita Lee, com a diva do "udigrudi" (que era a forma de Claudia se referir ao underground paulistano), na rádio 89 FM.

Outro encontro marcante foi quando conheci o Ézio Fernandes, grande admirador de Claudia Wonder que chegou a ter um fã-clube dela nos anos 80. Ele tinha gravado em uma fitinha cassete um registro musical importante e raro da banda de Claudia: um show de 1988, no Espaço Alquimia. Fitinhas cassetes como aquela e a demo da Claudia foram os únicos registros daquela fase de sua carreira. Não existiam mais gravações ou discos lançados. Confesso que, depois de alguns anos, foi emocionante acompanhar a fase de gravação e o lançamento de seu primeiro e tão desejado LP ou, conforme aquele momento da indústria fonográfica, o CD. Foi quase como uma vingança para Claudia conseguir lançar o CD após tantos anos de rejeição. Ainda me lembro do quanto Claudia estava empolgada nos dois shows marcantes de lançamento: um no Clube Clash, na Barra Funda, e o outro no Prata da Casa, realizado na choperia do Sesc Pompeia.

O meu desejo era fazer um filme que não apenas contasse a trajetória de Claudia, mas que também traçasse um panorama de diversos eventos históricos do país, coincidentes com a vida de Claudia. Para o documentário, nessa segunda fase, entrevistei o José Celso Martinez Corrêa, a Grace Gianoukas, o Kid Vinil, o cineasta Alfredo Sternheim, o Reka, baterista da banda Jardim das Delícias, uma amiga de Claudia chamada Leilah Rios, o Ézio Fernandes, o historiador e professor Edward MacRae, o jornalista Leão Lobo, a estilista Isabelle Van Oost, o músico Tato Fischer e o ator Fábio Tomasini. Esses últimos três, infelizmente, acabaram ficando de fora no corte final do documentário.

Em 2009, conseguimos finalizar o documentário e inscrevê-lo no 33º Frameline — Festival de Cinema LGBT de São Francisco (EUA). O filme foi selecionado. Foi uma felicidade imensa, tanto para mim, por ser o meu primeiro longa, quanto para Claudia, que estava sendo reconhecida internacionalmente. Ao terminar o corte final, marcamos uma sessão especial na sala do Centro Cultural Banco do Brasil, onde, para minha enorme comoção, assisti ao filme pela primeira vez ao lado de Claudia. Ela chorou em diversas partes, muito feliz com o que viu. Algumas semanas depois, tínhamos nossa viagem marcada para o festival. Aquele seria o seu grande momento, além de sua primeira viagem aos Estados Unidos. Como Claudia não falava inglês, tive que auxiliá-la com a tradução, principalmente quando chegamos no controle de passaportes em Houston, Texas, onde o policial se comportou de maneira abjeta e transfóbica. Tentei explicar que estávamos indo para o festival em São Francisco e, por fim, o cara disse, com tom de deboche, que pensava que estávamos indo a uma feira de cirurgias plásticas. Apesar do meu sentimento de aversão, consegui contornar a situação e, finalmente, entramos no país.

Ao chegar em São Francisco, Claudia foi recebida como uma grande estrela do evento, fazendo jus à diva que sempre foi e sendo reconhecida da forma que merecia. Tivemos duas sessões de estreia no festival: a primeira no charmoso e clássico cinema Roxie[2] e, no dia seguinte, a noite de gala no icônico Castro Theatre.[3] Claudia foi calorosamente acolhida. Recém-chegados do Brasil, nossa alegria não era apenas apresentar nosso filme naquele teatro glamoroso, com uma sala enorme e belíssima; sobretudo, era emocionante estar em um dos locais mais marcantes na luta pelos direitos da comunidade LGBTI+ nos Estados Unidos. Após a exibição, conhecemos um grupo de travestis mexicanas que tinham ido ali especialmente para conhecer Claudia e homenageá-la. Entre elas estava a Alexandra DeRuiz, que se tornou uma caríssima amiga e com quem mantenho contato até hoje.

---

2   O Roxie Theater, também conhecido como Roxie Cinema ou apenas The Roxie, é um cinema histórico, fundado em 1912, na 3117 16th Street, no Mission District de São Francisco.

3   Cinema histórico no distrito de Castro, em São Francisco, Califórnia. O local se tornou o Marco Histórico de São Francisco nº 100 em setembro de 1976. É o primeiro marco da cidade a ter uma ligação com uma associação LGBTQ.

Eis que Alexandra convidou Claudia para se apresentar em um famoso evento paralelo ao festival: a icônica Trans March,[4] que aconteceria alguns dias depois, em 26 de junho de 2009. Foi um dia inesquecível para Claudia, que subiu em um palco ao ar livre no Dolores Park e se apresentou para a multidão enquanto eu tive a honra de registrar tudo em vídeo.

Outro momento marcante de nossa viagem a São Francisco ocorreu no dia 25 de junho de 2009. Estávamos dentro de um ônibus, voltando para o centro da cidade após termos explorado os arredores da Golden Gate, quando recebemos a notícia do falecimento de Michael Jackson. Ainda me lembro de uma moça que, ao ouvir a notícia, gritou e começou a chorar; Claudia e eu ficamos passados com aquela reação, e jamais nos esqueceríamos do impacto associado a uma data específica. Em seguida, chegamos ao icônico Vesuvio Cafe, lugar que Claudia fazia questão de conhecer. O bar, fundado em 1948, tornou-se ponto de encontro de figuras importantes da geração beatnik, como Jack Kerouac e Allen Ginsberg. Claudia estava radiante. Tomamos um café, eternizando nosso dia em meio à história de São Francisco.

Após o fim da viagem, o documentário continuou a ser exibido em diversos festivais e conquistou reconhecimento nacional e internacional. Entre outras distinções, o filme foi premiado como Melhor Documentário na escolha do público no 14º LesGaiCineMad — Festival LGBT de Madrid e no 17º Festival da Diversidade Sexual Mix Brasil. No Mix Brasil, o filme encerrou o festival em 2009 em uma projeção especial. A sala estava lotada e Claudia foi celebrada com o merecido

---

4   Uma vez por ano, sempre na última sexta-feira de junho (mês do orgulho LGBTI+), ocorre até hoje a marcha de protesto San Francisco Trans March. Desde sua primeira edição em 2004, o evento, um dos poucos protagonizados por pessoas trans e dedicados às suas reivindicações, é um dos maiores do gênero no mundo.

reconhecimento em sua cidade natal, em um momento memorável que refletiu toda a importância de sua trajetória.

Em um de nossos últimos encontros, tive uma experiência horrível com Claudia. Já era tarde da noite, e estávamos perto do fim de uma festa cheia de gente moderna. Claudia já tinha bebido bastante e estava jogada em um sofá. No táxi de volta para casa, ela me fez várias acusações. Sobretudo uma delas me atingiu profundamente: ela afirmou que o documentário tinha destruído sua carreira. Essas palavras me assombram até hoje e me fazem refletir sobre o poder e o impacto de contar a história de alguém.

No dia seguinte, Claudia me ligou como se nada tivesse acontecido. Ficamos afastados por um tempo, até que eu tomei a decisão de me mudar para a Alemanha. Algumas semanas antes da viagem, visitei Claudia e nos despedimos. Eu mal podia imaginar que esse seria nosso último encontro. Claudia seria internada meses depois e, passados alguns dias, veio a falecer.

Fazer um documentário biográfico não é uma tarefa fácil. Existem várias complicações além de obter financiamento. Uma das principais é trabalhar com arquivos. Acervos são de difícil acesso e muitos materiais são perdidos sob efeito do tempo. O trabalho de garimpo envolve uma imersão nas histórias, emoções, contradições, conquistas e dilemas das pessoas e revelam a sua essência. Trata-se de uma grande responsabilidade e, no caso da Claudia, o processo trouxe de novo à tona conflitos e enfrentamentos que abalaram sua autoestima, como o avanço da idade e o tempo transcorrido. O envelhecimento LGBTI+ no Brasil, país onde mais se mata travestis no mundo, é um desafio tão árduo quanto desconhecido.

Ao documentar a vida de Claudia, eu acabei não apenas narrando fatos, mas também imortalizando seu legado, ao mesmo tempo que abordei a cena cultural de São Paulo. Apesar de meus esforços em transpor às telas a história de Claudia segundo ela mesma, mantendo sua memória e seu legado vivos, ainda percebo que sua biografia não está livre de distorções.

O que restou na minha memória são os momentos compartilhados e a gratidão pela confiança depositada em mim quando eu era, então, um jovem cineasta. Eu me sinto honrado não só por *Meu amigo Claudia* ter se tornado o primeiro longa documental biográfico sobre uma travesti realizado no cinema nacional, mas, principalmente, por ter tido a chance de contar essa história.

Recentemente, na intenção de resgatar todo esse material antigo que gravei, deparei com um enorme acervo de fitas registradas entre os anos de 2000 e 2009. Digitalizei o acervo de mais de 500 fitas integralmente. Muitas das primeiras gravações não entraram no documentário. Mas sempre tive o desejo de revisitar essas entrevistas, porque ali tinha muitas histórias não contadas, histórias marcantes e inéditas. Assim surgiu a ideia deste livro, uma oportunidade para que a própria Claudia, com sua voz, contasse suas experiências de vida. Por esse motivo, conservamos a fala de Claudia exatamente como ela falou, com suas contradições e histórias incompletas, mantendo a personalidade e a essência de Claudia presentes.

Quanto às imagens, a maioria das fotografias aqui utilizadas foram recuperadas do próprio acervo de Claudia na época da finalização do documentário, sendo muitas delas de origem e autoria desconhecidas.

Em resumo, o livro contém um registro importante de uma geração e dos pensamentos de um dos maiores ícones da cultura LGBTI+ e da noite paulistana. Essas entrevistas foram realizadas entre 2003 e 2008. Hoje, ao relê-las, sinto uma gratificação imensa em ver que muitas das lutas e políticas que Claudia defendeu durante anos realmente se concretizaram. Muitas coisas mudaram, e frequentemente me pego refletindo: o que será que a Claudia estaria fazendo e pensando nos dias de hoje?

I.

NÃO TINHA
outros meninos como eu

40

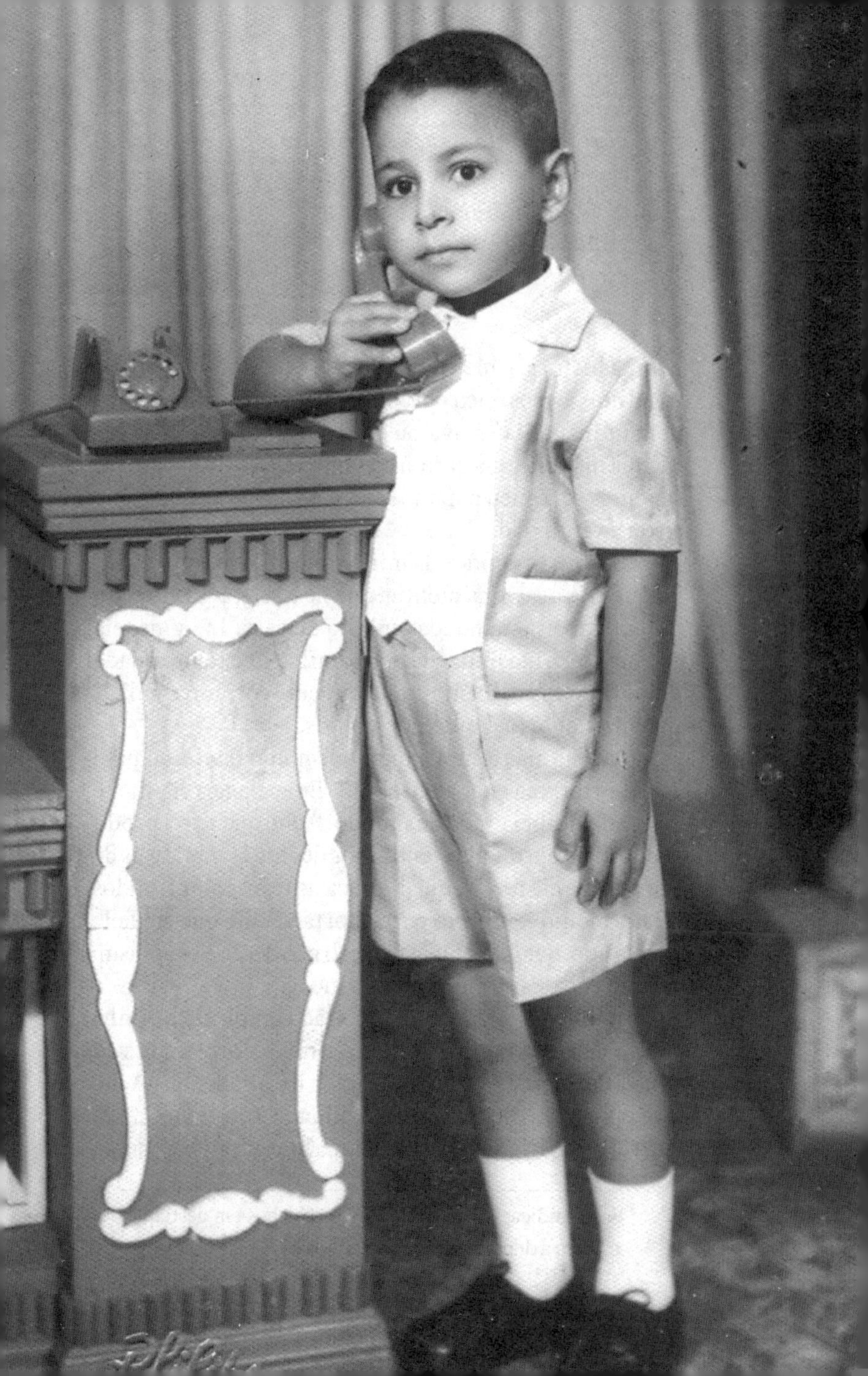

> *Uma vez fui fazer um show lá no Terraço Itália, logo no começo da minha carreira. Ganhei uma rosa de prata da direção, guardo até hoje. A primeira coisa que eu pensei: "Nossa, eles me aceitaram como eu sou, do jeito que eu sou, gente como a gente".*
>
> CLAUDIA WONDER[1]

Minha história é meio complexa. Meus pais biológicos eram dois jovens: meu pai com dezoito anos e minha mãe com quinze. Ela estava na escola e conheceu meu pai. Minha mãe era uma garota de família, que tinha catorze nos anos 50, e meu pai, um selvagem da motocicleta que tirou a virgindade dela.

Só que a gravidez da minha mãe foi um transtorno. Naquela época, uma menina que ficasse grávida fora do casamento era mandada embora de casa. Imagine, ela era uma menina linda, de boa família, que foi mandada embora de casa e foi morar justamente com uma mulher que fazia aborto dando hormônios.

Minha mãe tomou muito hormônio feminino para me abortar, mas não conseguiu. Eu me agarrei ali, me segurei e acabei vindo ao mundo. Acho que nasci produzindo mais hormônios femininos devido às tentativas de aborto que ela fez. Naquela época usavam comprimidos de hormônio feminino para abortar. Acho que até hoje fazem isso, quando a menstruação não desce eles aplicam até injeção de hormônio feminino.

É uma história tão longa e tão complexa... Minha mãe me queria muito. Bom, ela tinha quinze anos e sonhava em ter uma menina que fosse uma bailarina. Acho que ela estava esperando na realidade uma boneca. Ela queria brincar, conversar com uma boneca viva. Quando

---

1 Salvo indicação em contrário, os trechos em destaque pertencem a depoimentos concedidos a Dácio Pinheiro.

eu nasci, veio um menino. Aí ela teve depressão pós-parto e me rejeitou. E quem me pegou para criar e me queria muito foi o meu tio-avô, o irmão da minha avó. Ou seja, foram os meus tios-avós que me criaram e são eles que eu considero meus pais. Os meus pai e mãe biológicos eu sei quem são, mas são como parentes bem distantes, a gente acabou ficando muito afastado. Conheci eles, tenho outros irmãos, mas tenho muito pouco contato.

Mas vamos falar do meu pai, esse meu pai que me criou, que me adorava e sempre me adorou e que nunca me recriminou por eu ser gay, travesti ou qualquer coisa do tipo. Pelo contrário, ele sempre me apoiou. Minha mãe, não. Ela sempre teve problemas com isso, sempre sonhava que um dia eu ia mudar, que ia me casar e que ia ter filhos. Esse era o sonho dela. Apesar de ela ir comigo nas lojas para eu comprar sapato e bolsa femininos, ela acreditava que um dia eu fosse mudar, ela achava que era uma fantasia. Mas essa era a minha realidade.

Eles sempre souberam que eu era essa coisa mais mulher do que homem e já tinham me levado no psiquiatra. O meu pai tentou me mudar, tentou fazer com que eu fosse homem, mas nunca me disse diretamente. Hoje, pensando nisso, acredito que é devido a eu ter nascido intersexo. Mas, no dia em que eu me assumi, fechei minha mãe dentro do quarto dela e falei: "Olha, mãe, eu vou te falar uma coisa". Eu estava com dezesseis anos. Falei para ela: "É isso que eu quero da minha vida. Eu sou assim e pronto. Não tenho como mudar. Eu já tentei mudar de toda forma". Eu lembro que à noite ela contou para o meu pai e ele falou: "Fazer o quê? Ele não é o único". Foi a única coisa que ele falou para ela.

Meu pai era militar, esse meu tio-avô. Eles já tinham uma filha quando eu nasci, uma filha de quinze anos, que se casou logo em seguida. Então fui criada como filho único, e a relação sempre foi boa, mas era uma criação meio dura. Os pais não pensavam como os pais modernos, né? Tive uma criação ao mesmo tempo rígida e cheia de mimos.

Eu era um molequinho que viveu as coisas que os meninos vivem, apesar de eu ser um molequinho diferente. Tive a oportunidade de brincar na rua, que hoje pouca gente tem, de ter uma infância mais ligada com a natureza, com outras crianças, diferente de ficar trancado num apartamento jogando videogame, como é hoje. Enfim, foi uma infância gostosa.

⁓

Meu nome é Marco Antônio Abrão, três nomes próprios masculinos. Eu comecei a perceber que era diferente quando começaram a dizer que eu era diferente. Quando começavam a dizer: "Fala que nem homem!", "Anda que nem homem!". Eu pensava: "Ué, mas eu tenho pirulito, então eu sou homem, eu falo como homem. Como é que eu não falo como homem? Eu falo como homem. Eu sou homem". Mas foi aí, já com oito, nove, dez anos, que percebi que não tinha outros iguais a mim. Que gostavam de coisas de menina. Que queriam ser Miss Brasil. Que queriam ser Cinderela. Não tinha outros meninos como eu. Só depois, acho que com onze anos, foi que conheci o primeiro gayzinho, um amiguinho na escola.

Sempre tive esses dois lados. Eu nunca gostei de futebol, por exemplo, mas gostava de viver na rua e de brincar como qualquer outra criança. Eu gostava de boneca, gostava de brincar de casinha, de escolinha. Eu era professora e punha o salto alto, porque a professora usava salto alto. Eu comecei a andar com meu primeiro salto em casa. Acho que graças à minha família tenho a cabeça que eu tenho. A vida que eu tenho hoje é porque tive o apoio familiar, o que infelizmente não acontece com a maioria das travestis. Mas comigo deu certo, graças a Deus.

Nessa época tinha muito preconceito na escola, mas eu não deixava por menos. Lembro que uma vez um grupo de coleguinhas, meninos e meninas, me chamaram de "café com leite" na saída da escola. Eles começaram: "Aí, Marquinho café com leite, Marquinho café com leite". Na época, a gente usava aquelas pastas cheias de cadernos pesados. Eu sei que saí rodando aquela pasta e dando em toda a molecada. Nunca ninguém mais me chamou de café com leite. Quando cheguei em casa, perguntei pro meu pai: "Pai, o que é café com leite?"... Lembro que minha mãe me deu uma bronca. Não lembro o que eles disseram, mas me deu uma bronca. Aí eu percebi que era alguma coisa que não era legal.

Uma lembrança muito ruim que eu tenho da escola foi quando eu tinha uns sete anos e uma professora falou que eu precisava andar com os meninos, que eu precisava ter jeito de homem. Ela pediu pra eu ficar em pé na carteira e me fez uma pergunta, que eu não soube responder. Ela pediu pra sala toda me vaiar. A minha reação foi sair correndo pra cima dela e dei uma dentada no braço dela.

Meu pai ia me levar e me buscar todo dia na escola. A professora contou pra ele o que aconteceu. Quando eu cheguei em casa, ele me esperou tirar o uniforme. Quando viu que eu estava só de cuequinha, ele me pegou e ó *(estala os dedos)*, me deu uma baita de uma surra na minha bunda e nas minhas pernas. Foi horrível!

Tinha bastante margarida no jardim de casa. Ele me fez colher um maço de margaridas, levar para a professora e pedir perdão de joelhos. A minha vingança é que, hoje, o que eu lembro é de quando ela estendeu a mão para pegar o maço de margaridas. Minha dentada no braço dela ainda estava ali. *(Risos)*

Mas na escola eu não era uma boa aluna, não. Eu gostava de português e de história, sempre gostei muito de aula de história. Detestava matemática, nunca gostei. Gostava de desenho. Não gostava de educação física e gostava de aula de religião.

A minha professora predileta era a que dava aula de religião. A primeira vez que eu me senti no palco foi quando passei a dar aula de religião para os coleguinhas. Eu ficava repetindo o que ela contava, e ela adorava. Depois vieram as festas de escola, onde comecei a dizer poemas, a recitar poesias e a cantar. Foi aí, na primeira vez em que eu recebi aplausos, que pensei: "Nossa, é isso que eu quero". Eu percebi que gostava de cantar e de estar no palco. Quando tinha festinhas em casa, tanto de aniversário como de Natal, quando reunia os parentes, eu ia imitar o Roberto Carlos, a Wanderléa, o Erasmo Carlos, a Martinha... Eu fazia a Jovem Guarda toda.

Ainda criança, eu não me imaginava mulher. Apesar de gostar das coisas femininas, não imaginava ser travesti. Não tinha essa referência, nem sabia que existia. Pra mim era tudo normal, você podia ser homem, você podia ser mulher, o que quisesse. Mas eu sempre me imaginei artista.

Chegaram a inventar várias coisas sobre mim. Eu estava com doze anos de idade quando disseram que eu tinha transado com todos os meninos no vestiário depois da aula de educação física. Então criaram um ambiente para que eu saísse voluntariamente da escola. E eu saí, eu fui estudar para ser cabeleireiro.

O sonho do meu pai era que eu me formasse na faculdade, acabasse uma, entrasse em outra. Infelizmente não pude realizar o sonho do meu pai. Devido ao preconceito, eu perdi completamente a vontade de estudar, porque eu sofria muito na escola. Isso até hoje não mudou. Com todos os transgêneros, travestis, é a mesma história.

Mas meu pai também achava que, apesar de não faltar nada, tinha que começar a trabalhar cedo. Ele até me arrumou um emprego em uma loja de brinquedos, na loja do seu Elias, que era um amigo dele. Eu tinha uns nove anos. Na loja eu vi a boneca Susi e queria aquela boneca de qualquer jeito. Acabei roubando a boneca. Porque como é que eu ia pedir para o meu pai comprar? Não podia. Aquilo não era brincadeira de homem, então eu roubei. Escondi no guarda-roupa e brincava com ela escondida. Eu estou contando, mas não acho divertido falar nessas coisas. *(Risos)*

⁂

A primeira vez que eu tive contato sexual foi quando eu tinha uns três ou quatro anos. A gente fez uma viagem para o Rio de Janeiro, fomos pra casa de uma prima da minha mãe, e ela saiu com minha prima e tinha um rapaz, um homem. Não lembro a cara dele, sei que era um homem. Ela me deixou sozinha com esse cara e saíram as duas. E ele fez eu brincar com o pinto dele. Eu achei aquilo muito interessante! Pegava naquele negócio, minha mãozinha nem alcançava aquele negócio. "Nossa, que pinto grande", acho que era isso que vinha na minha cabeça. Achei interessante!

Só que, quando elas voltaram, eu contei para minha mãe, e aí elas ficaram desesperadas. Elas me levaram pro banheiro, me colocaram na banheira e me examinaram para ver se o cara tinha feito algo. Hoje eu penso: "E se o cara tivesse me estuprado?", alguma coisa desse tipo. Não, ele só fez eu brincar lá com o negócio dele, mas teve uma briga e mandaram o cara embora.

Agora, a primeira vez de transar, mesmo, eu tinha nove anos e foi de livre e espontânea vontade. Minha mãe foi fazer uma visita para uma amiga, aí eu fui brincar na rua. Apareceu um menino, ele tinha uns dezesseis anos. Eu nunca me esqueço. Fomos pro mato, e eu fui de livre e espontânea vontade. "Eu quero, eu quero, eu quero." Lembro que ele me catou e eu falei: "Ih, entrou". Essa foi minha primeira vez. Eu fiquei um pouco assustada, aí nunca mais quis nada. Fiquei sem ter relação com ninguém. Depois, com dezessete anos, eu relaxei e fui.

II.
O MEU LUGAR,
os meus iguais

48

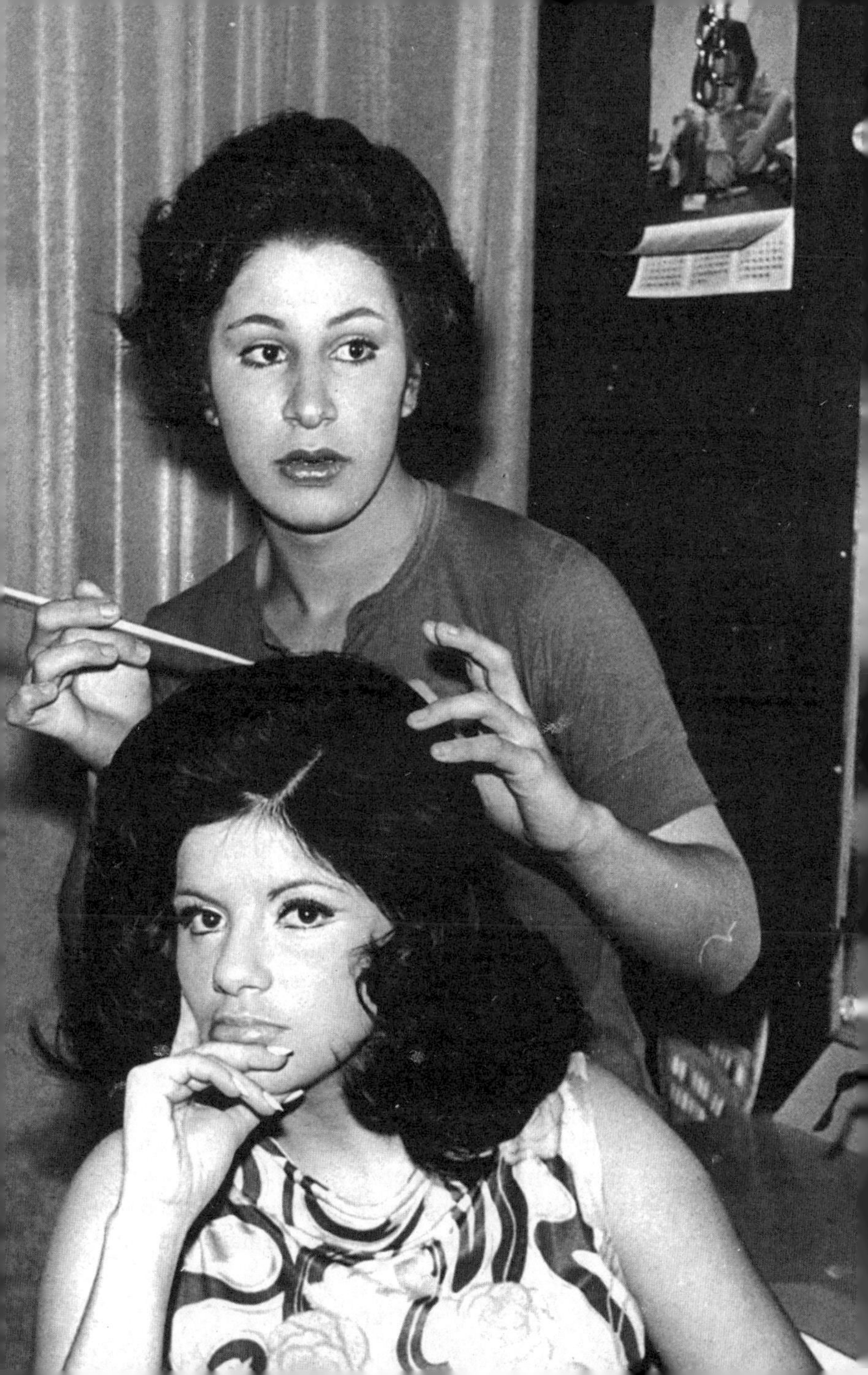

> *A minha trajetória, depois que eu comecei a descobrir que eu realmente tinha que ser Claudia Wonder, que eu tinha que ser isso que eu sou, foi um processo lento e natural ao mesmo tempo. [...] O que eu posso dizer dessa trajetória toda foi mais ou menos como correndo a 120 por hora, sem poder brecar, porque se eu brecasse eu ia cair. E eu continuo até hoje aproveitando todas.*
> CLAUDIA WONDER, EM *DOULEUR D'AMOUR* (1987)

A primeira vez que eu me vesti de mulher foi incrível, foi maravilhoso! Eu me vesti numa escola de cabeleireiros que tinha perto de casa, onde eu conhecia a dona. Nessa época eu já trabalhava, já era cabeleireira, me formei cabeleireira quando tinha catorze anos. Eu botei uma saia, uma blusa, botei um aplique da minha irmã com uma faixa na frente.

Na época, ainda estavam construindo o metrô do Bosque da Saúde. Atravessei a ponte e tinha uns caras trabalhando embaixo, no buraco da construção do metrô. Eles me olharam, e eu me senti o máximo! Eu adorei. Peguei um ônibus e fui até o Paraíso, e lá visitei a primeira travesti que conheci na vida. Ela me emprestou uma sandália. Quando ela me viu montada, ela não acreditou. Devia ser umas seis horas da tarde, ela falou: "Meu Deus do céu". Passeei de ônibus e depois voltei para o salão, troquei a roupa e fui para casa, feliz da vida.

Meus pais não viram, lógico que saí escondida. E no ônibus ninguém reagiu, imagina. Todo mundo achava que eu era uma mulher, mas eu estava com quinze anos, treze, catorze, por aí. Eu era uma menina. E outra coisa: naquela época não tinha essa coisa de travesti que tem hoje, com milhares e milhares. Não tinha nem boate gay. Imagine: se antes, com dezoito, dezenove anos, ainda não tinha boate gay, com treze, catorze anos... Não teve reação nenhuma, eu saí passeando normal de ônibus.

Depois dessa primeira vez peguei gosto e queria me vestir sempre. Eu ouvia falar que a Praça da República era o lugar onde só tinha veado. Aí fui procurar o meu lugar, os meus iguais. Era muito engraçado, porque com treze anos eu já estava ali no meio, caçando e tal, e o Juizado de Menores me pegava direto.

Mas, para conhecer os meus iguais, o lugar era na Praça da República, na avenida São Luiz, na Galeria Metrópole, onde tinha a concentração de gays na época. Foi quando comecei a conhecer o meio, a "sociedade alternativa das bichas". *(Risos)* Era bem legal, tinha um romantismo que não tem hoje, uma ingenuidade. Tinha uns códigos... A polícia dava em cima, e eu fui presa várias vezes.

Quando eu tinha quinze anos exatamente, me vesti e saí com essa minha amiga cabeleireira, que era um pouco mais velha que eu, ela devia ter uns vinte anos. A gente se arrumou e saímos montadas. Fomos onde todos iam na época, que eram as boates de puta, os cabarés que tinha na Boca do Luxo,[2] onde hoje são a rua Nestor Pestana e a rua Major Sertório. Era nesses lugares que tinha os shows de striptease e tal, e era onde as travestis podiam entrar. Eu cheguei e entrei na boate. Como eu aparentava ser mais velha, rasurei a carteira de trabalho e mudei para dezoito anos, e me deixaram entrar. Na época o prazer não era caçar, o meu prazer era só estar de mulher.

Na saída da boate, um cara falou: "Você aí". Comecei a conversar e contei "eu sou travesti" e tal. Ele: "Ah, tá, me acompanha". Ele era um polícia. Ele me botou dentro do carrão, me levou presa. Quando chegamos na delegacia, eu, filha de militar, falei: "Olha, eu tenho quinze anos, eu

---

2   As zonas de prostituição em São Paulo eram divididas, *grosso modo* e de maneira não oficial, em duas áreas: a Boca do Luxo, que compreendia as cercanias das ruas Nestor Pestana, Major Sertório e Rego Freitas, como a própria Claudia Wonder explica, e a Boca do Lixo, que corresponde à região das ruas do Triunfo, Vitória e adjacências.

sou menor de idade e o meu pai é militar". Dei o telefone de casa para ele ligar. Ele deve ter ligado. Fiquei presa, tiraram minha roupa de mulher, me deram uma roupa de mendigo para vestir. Era uma roupa de mendigo. Me colocaram no xadrez junto com os outros presos, um chiqueiro, e eu fiquei quinze dias dentro dessa prisão.

Depois que me soltaram, fiquei sabendo que foi meu pai que mandou que me deixassem presa lá. Meu pai falou: "Deixa ele mais uns dias, para aprender a não se vestir de mulher". Acho que na cabeça dele eu ia aprender e não ia mais fazer isso. Mas, engano dele, meu amor, porque eu me casei com o xerife da cela, aí eu tinha direito a bolo, a leite, enfim, às regalias possíveis dentro da cela.

Mas a relação com meu pai não mudou; eu até achava que ele estava certo. Eu que era assim mesmo, sabe? Não questionava muito a educação que eles me davam. Eu achava que eu que estava errada e merecia aquilo. A consciência política, a consciência de direitos, só veio bem depois. Nessa época, se você era menor eles não te deixavam presa, eles te levavam ao Juizado de Menores e de lá ligavam para os seus pais. Só que dessa vez foi o meu pai que mandou me deixar lá. Meu pai sempre me aceitou, nunca me bateu por causa disso, nunca disse uma palavra. Mas fez essa coisa horrorosa de ter me deixado presa na polícia.

⁓

Para falar a verdade, não fui eu que escolhi o nome Claudia. Foi uma amiga minha que me deu o nome de Maria Claudia. É que na época, nos anos 70, tinha uma atriz da Globo, muito bonita, que se chamava Maria Claudia. Eu adorava aquela atriz.[3] Aí, depois de Maria Claudia, passaram a me chamar só de Claudia.

---

3   Entre os anos 70 e 90, era tradição no universo das travestis batizarem-se umas às outras com o nome de atrizes de novela.

Sempre fui vanguarda, sempre gostei muito do moderno, sempre tive esse pique de louca, underground. Sempre gostei de ser diferente e me inspirava na Elke Maravilha. Na época, tinha a Maria Alcina e a Elke que usavam aqueles cabelos pra cima, frutas na cabeça. Era essa galera do começo dos anos 70; usavam aqueles shortinhos com um manto por cima. Aí começaram a me chamar de Claudia Maravilha por causa das maquiagens que eu fazia, dos cabelos. Pensei: "Mas gente, de maravilha já tem a Elke", então botei Wonder, que é "maravilha" em inglês. E ficou Claudia Wonder, era musical e pegou, vendeu que nem pãozinho fresco. Tanto que a Elke me chamava de "minha prima americana, a Claudia Wonder". O meu cabelo crespo, eu sempre punha um enxerto para ficar mais cheio, para ficar mais glamoroso! Mas a inspiração não era a Gal, era a moda da época, mesmo. E eu tinha que usar o que eu tinha: meu cabelo era crespo, bem crespo, mas com o tempo alisou, e ele armava bastante. As bichas adoravam, os cabeleireiros amavam. Diziam "Ai, vamos armar mais!", eu usava daquele jeito. Virou meio que uma marca minha.

III.
A celebração DAS TRA‑ VESTIS

54

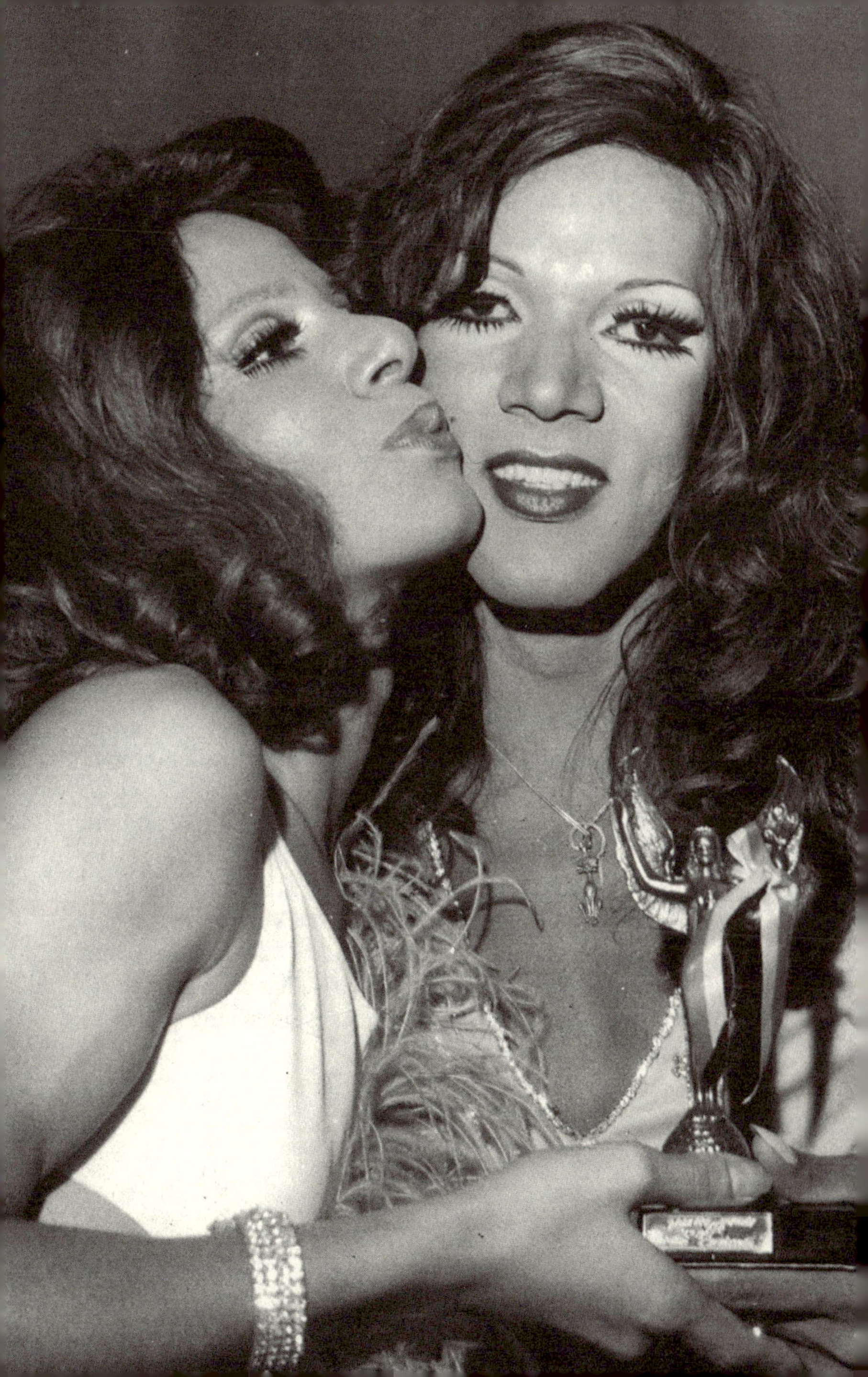

A cena era maravilhosa, porque tinha uma inocência maravilhosa. Todas as boates tinham show fixo, com elenco. Tinha coreógrafo pra ensaiar com nós, transexuais, tínhamos coreografia... Cada uma fazia uma diva de Hollywood, e isso era muito coreografado.

LEILAH RIOS

Nos anos 70, a Praça Dom José Gaspar era onde os gays se concentravam, era o reduto dos gays da época. A Praça Dom José Gaspar, a avenida São Luiz, a Praça da República e a famosa Galeria Metrópole. Tinha o Bar do Leco e, mais pra frente, tinha o Paribar. Dentro da galeria tinha um outro bar que eu frequentava muito, que se chamava Barroquinho. Era um barzinho bem bacana, estilo colonial.

O centro era uma zona nobre, antigamente. Mas nessa época era só festa, desfile pra lá e pra cá. A gente chamava o Paribar de júri do Silvio Santos, porque enquanto as outras ficavam sentadas fazendo o júri a gente passava, e elas ficavam xoxando. *(Risos)* Era bem chique nos anos 70 — estou falando de 1973, 1974, quando eu estava com dezessete, dezoito anos. Era um lugar bem bacana, mesmo. Tinha o Cine Metrópole, que era supergrande e bem frequentado, todo mundo vinha. Os ícones da cena eram a Rogéria e a Valéria, mas nessa época elas estavam pelo mundo fazendo turnê, estavam trabalhando no Carrousel de Paris. Elas eram as travestis mais famosas. Mas, mesmo elas estando longe, ainda se falava muito nelas por aqui.

Foi nessa época que surgiram as boates Medieval e NostroMondo.[4] Eu frequentava muito as duas casas. Tinha os concursos de miss, que aconteciam uma vez por ano na NostroMondo. Participei de vários, onde eu era Miss Bahia. Tinha a Michelleque, que era também um ícone na época! Tinha a Kelly Cunha. Nossa Senhora, que tempinho bom... A gente não ligava para nada, nem sabia o que era glamour. Botava um trapo no corpo e se achava linda e confiante. Era bem legal.

Os shows de travestis nos anos 70 eram maravilhosos, muito glamorosos. A Medieval fazia shows chiquérrimos. Tinha um elenco seleto das trans da época: a Monalisa, a Erika, a Geórgia. E a gente era tudo adolescente... Eu me inspirei nessas maravilhosas. O show delas era muito luxuoso, tinha corpo de baile com bailarinos, era tudo muito chique... E a frequência também: além dos gays que podiam pagar pra entrar na boate, também tinha a alta sociedade que frequentava, as socialites e os artistas.

Nessa época eu ainda não fazia show. Imagina, eu tinha dezesseis anos. Eu entrava nos lugares com a carteira profissional rasurada. Como eu já me vestia de mulher, aparentava ter mais idade, nem sempre precisava mostrar o documento.

Rolava muita perseguição na Praça da República, mas na Galeria Metrópole, nem tanto. Porque era onde tinha aglomeração, né? Como tinha os bares, as bichas

---

4   A Boate Medieval, aberta pela empresária Elisa Mascaro em 1971, apresentava espetáculos inspirados nos cabarés franceses. Fechou em agosto de 1984. A NostroMondo, fundada em 1971 na rua da Consolação, n. 2554, foi uma boate pioneira voltada para o público LGBTQIA+. A iniciativa da travesti Condessa Mônica fez com que a casa se tornasse conhecida sobretudo pelas apresentações lendárias de artistas drags. Andréa de Mayo e Brenda Lee colaboraram em muitas iniciativas, como acolhimento a jovens LGBTQIA+ expulsos de casa e assistência a travestis que conviviam com o vírus HIV. A casa fechou suas portas em 2014.

ficavam mais protegidas, ficavam em grupinhos, era diferente. Mas lá mais pra baixo, que não era tão nobre, a polícia baixava mesmo. Se estava na avenida São Luís, a polícia te carregava. Se sabia que você era gay, então, te levava embora. Não precisava ser travesti, bastava ser gay pra entrar em cana. Só te soltavam às quatro horas da manhã. E, como era na época do regime militar, a gente achava isso normal, "Ai, dancei, pronto...". Até que começamos a nos revoltar.

O meio gay era a rua, os bares, e os ícones eram os travestis. Era uma comunidade. Tinha aquelas que saíam nas páginas das revistas *Manchete* e *O Cruzeiro*, que apareciam na televisão nos bailes de Carnaval... No programa do Silvio Santos tinha o concurso "O homem mais bonito vestido de mulher", uma coisa assim. Ele chamava as bichas pelo nome de homem, fazia questão de chamar o "João Carlos", daí entra aquela mulher maravilhosa! Mas isso era só no Carnaval.

Nessa época não tinha ponto de prostituição pra travestis. Foi em 1976, 1975, que começou a proliferar a prostituição de travestis. Primeiro na avenida Angélica, coisa de dez ou quinze travestis, depois na rua Rego Freitas. Aí depois começaram a vir várias do Brasil inteiro, virou um meio de vida.

Eu penso que muitos homossexuais que não são transgêneros na realidade se transformam em travesti pra sobreviver. Mas isso é uma realidade aqui no Brasil, porque a gente fala: "É travesti, é transgênero". Não, meu bem, nem todo mundo é transgênero, nem todo mundo nasceu para aquilo. A maioria dos travestis que estão na rua são simplesmente homossexuais que não tiveram escolha na vida e botaram silicone para sobreviver. Tanto que tem até tráfico de crianças, de pré-adolescentes que vêm lá do Norte para acabar na prostituição. É uma coisa terrível!

A primeira vez que eu fiz show foi na boate NostroMondo. Eu tinha dezessete anos, e depois disso não parei mais. Acho que a maioria dos travestis aqui em São Paulo na minha época começou lá na boate NostroMondo. Tinha a Condessa Mônica, que era chamada de "mãe", ela era a mãe das travestis. Ela ensinava os primeiros passos, desde a maquiagem até como se portar, como se vestir. Mas eu não passei por nada disso, já comecei direto fazendo show na boate. Foi a Cacau que me chamou. Ela era uma estilista maravilhosa, que também gostava de fazer o transformismo. Ela fez um show especial na NostroMondo e me convidou pra participar. Era um show todo em francês, só com cantoras francesas, e eu fazia a Regine, que depois veio aqui para o Brasil e foi dona de uma discoteca famosa no Rio de Janeiro, chamada Regine's.

No dia do show estavam todos os diretores da casa presentes. Eles queriam começar um grande show, com figurino, bailarinos e tal. Depois da apresentação de todas as travestis, eles gostaram de mim e me chamaram para participar do show efetivo da casa. Foi aí que comecei e não parei mais. Na época também existia o concurso de miss, era a celebração das travestis, ainda é hoje.

Com a Thelma Lipp eu sempre tive contato, eu a conhecia desde garotinho. Ela tinha uns treze anos quando a conheci, era o Teozinho. Sempre foi assim, muito menina, igual a Roberta Close. A Roberta é do Rio, mas ela vinha muito a São Paulo e a gente se conheceu bem. Fizemos um trabalho juntas em Natal. Era um desfile, um concurso de Miss Natal, aí a gente participou, eu fazendo show e ela como convidada, ou jurada, não lembro mais. A gente ficou juntas no mesmo hotel. Roberta sempre bacana, a Thelma Lipp também. Só tenho lembrança boa das duas. Inclusive, quando estávamos juntas, elas tinham rivalidade. Eu lembro uma vez, num baile de Carnaval no Pão de Açúcar, que eu estava numa rodinha com a Thelma Lipp, as pessoas fotografando e tal, e a Roberta chegou e me tirou da roda da Thelma para eu ir com ela tomar um drink. Elas eram assim, tinham meio que ciúmes de mim, uma com a outra. Isso era muito bacana!

A Thelma Lipp era jurada do programa do Bolinha, era mais popular. Eu nunca fui convidada para participar de um programa desses, sempre fui muito do underground. O meu trabalho era maldito, não era uma coisa muito comercial. Principalmente na época. Elas faziam sucesso porque eram lindíssimas. Eu nunca fui "a beleza", elas sempre foram mil vezes mais bonitas que eu. Mas eu tive sucesso como artista.

Inclusive, saiu uma crítica... Elas estavam fazendo teatro, cada uma num teatro diferente, e eu no underground, nas boates, fazendo o meu show de rock... Aí saiu uma crítica do Alberto Guzik, uma página com meu nome. Não lembro se foi no *Estadão* ou no *Jornal da Tarde*, uma foto das duas e a manchete bem grande, assim: "Entre Thelma Lipp e Roberta Close, fique com Claudia Wonder". Eu nunca tinha aparecido na TV. E aí ele critica as duas, porque elas realmente eram bonitas, mas nunca tiveram talento de atriz, de cantora, de nada. E eu sempre tive... Alguma coisa de bom tinha que ter, né?

Apéritif spectacle 17h.-19h.

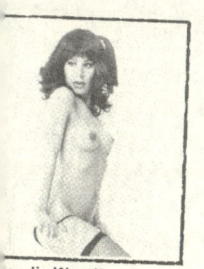

Claudia Wonder

Saga Moor

Diana

Claudie Wonder, un célèbre chanteur travesti brésilien.

BICHAS ET FANCHONAS DU BRÉSIL

IV.

PARIS FOI O maior barato

62

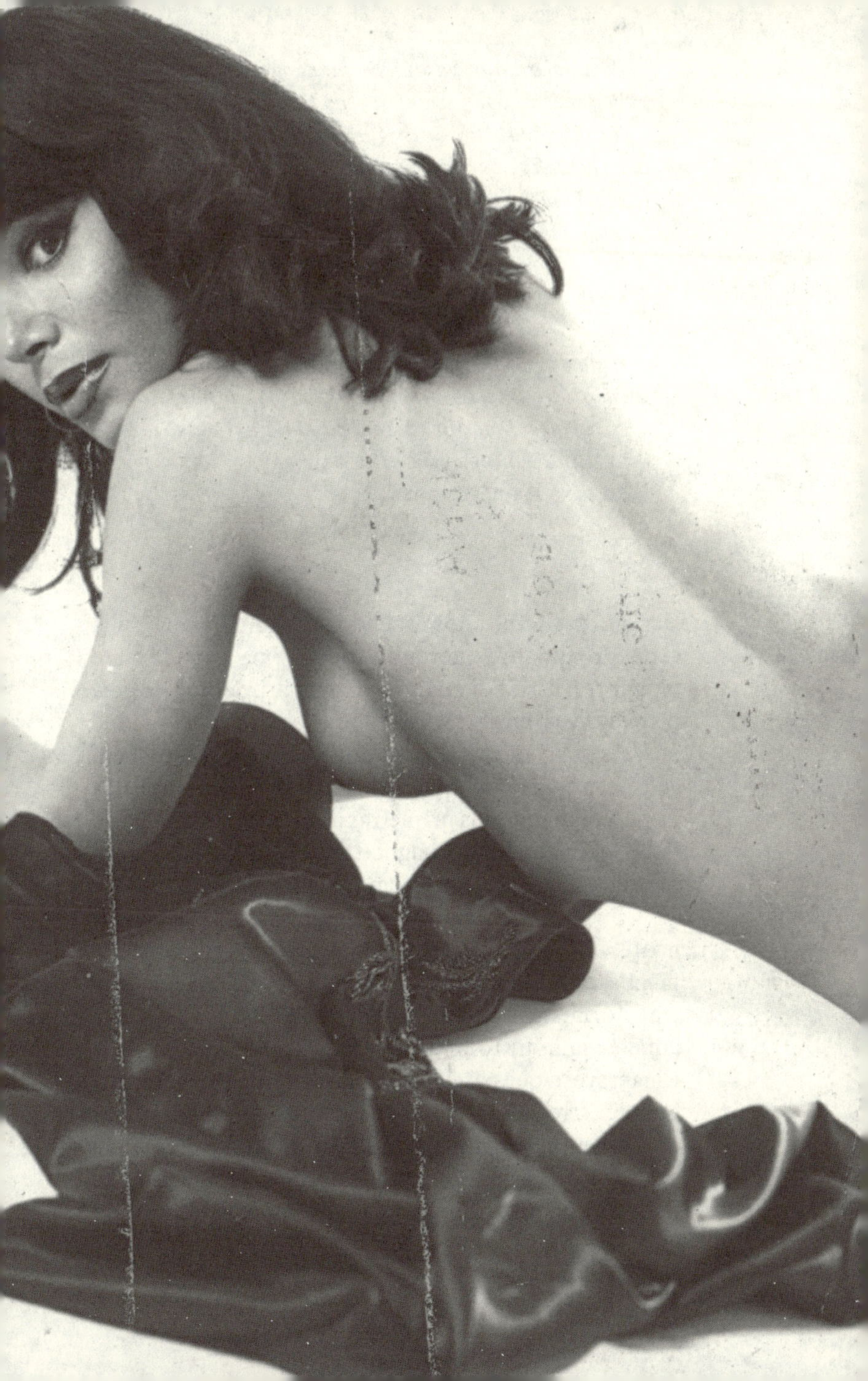

Paris foi o maior barato. Eu fui naquele sonho, pensava: "Vou chegar, vou fazer show, sou brasileira, tenho ritmo". Não foi nada disso. Eu cheguei lá um garoto, pra trabalhar na boate a gente tem que ser bonita de mulher. Aí eu fui pra life. Fiquei quatro meses naquilo. Me valeu muito como ser humano, me deixou legal. Eu falei: "Meu mundo não vai cair, meu mundo é cor-de-rosa e azul, não vai ficar preto...". (Pausa) E não é que ficou! Depois eu apaguei tudo aquilo. Hoje em dia eu sou puta numa boa, dou pra quem eu quero, transo com quem eu quero. Depois que consegui tudo isso (aperta os seios), *que passou toda aquela fase ruim, eu fui fazer show. Eu fui contratada. Eu era uma artista.*
CLAUDIA WONDER EM ENTREVISTA PARA
SILVANA AFRAM EM 1984

Depois de alguns anos fazendo show em boates, eu já estava realmente querendo tomar uma atitude e me tornar travesti. Foi quando eu quis ir pra Europa pela primeira vez, em 1978. Fui porque estava na moda. Me parecia uma boa opção, elas iam pra lá e se davam bem, voltavam com diamantes. Enfim, todas bonitas e cheias de pose. Fui uma das primeiras a desembarcar em Paris. Foi meu pai quem me pagou tudo. E aí, graças a Deus, me dei muito bem. A viagem foi maravilhosa.

Eu podia trabalhar sem seios, mas isso era em outra boate, no Madame Arthur, onde tinha os transformistas. Porque, quando não tem seio, você é considerado transformista. Como eu já era muito feminina e queria aquele glamour todo do Carrousel, coloquei os seios. Uma travesti que passou pelo Carrousel de Paris era uma grande estrela! Rogéria e Valéria foram grandes estrelas do Carrousel. Era um cabaré pequeno, uma coisa bem turística de Paris. Era conhecido internacionalmente, pessoas do mundo inteiro passavam por lá. Era como no Crazy Horse.⁵ Todos passavam para ver os travestis do Carrousel de Paris, que era um show de luxo e beleza, era o glamour total!

Cabaré é igual em todo o mundo, né? Só que lá o cabaré tem uma tradição. É um local de glamour, pelo menos até aquela época. E tem as meninas. Como em todo cabaré, elas vendem champanhe. Cada *bouchon*, cada rolha que ela estoura, ela ganha 25% do preço do champanhe. Depende do champanhe que ela vende — se vende um Moët é um preço, se vende um Dom Pérignon ou um Cristal, ela ganha mais. E vale muito a pena.

Além disso, tem as artistas que fazem o espetáculo. Eu fazia dublagem, em seguida mais uma música e um striptease. Por exemplo: eu entrava vestida dublando a Marilyn Monroe. A segunda música também era da Marilyn e eu entrava fazendo striptease. Quando algum cliente se interessava por mim, o garçom ia no camarim e me buscava pra ir tomar um champanhe com ele. Mas, para vocês verem o glamour, só para conversar custava meia garrafinha de champanhe, 100 dólares. Ele tinha que pagar para ter um contato. Se eu aceitei convites de bofes para sair depois da noitada?... Depois eu conto, tá bom? *(Risos)* Aceitei muitos, muitos, muitos convites. Não vou estar numa jogada dessas e ser idiota, né? Imagina! Fui pra lá pra ganhar dinheiro...

---

5 Inaugurado em 1946 no coração do bairro de Pigalle, em Paris, o Madame Arthur foi o primeiro clube de inversões de gênero. Depois de ter fechado em 1994, foi renovado e reaberto em 2015. O Carrousel de Paris foi um célebre cabaré criado em 1949, famoso por suas apresentações de travestis. Funcionou em três locais diferentes até o fechamento definitivo da casa, em 2016. Crazy Horse é um cabaré parisiense conhecido por seus espetáculos de palco realizados por dançarinas nuas e shows de variedades. Seus proprietários ajudaram a criar cabarés e shows burlescos.

Tem um preconceito, né? Não comigo, mas geral. O travesti já é muito preconceituado. Muito, graças a ele mesmo. E da sociedade inteira. Entre os gays existe um enorme preconceito, a partir do momento que você tem um peito é diferente. Mas eu não me sinto nem um pouco diferente. Eu tenho os mesmos problemas, eu tenho a mesma carência. É tudo igual. Pulou na cama, meu bem, você é igualzinho.
CLAUDIA WONDER EM ENTREVISTA PARA
SILVANA AFRAM EM 1984

Não fui pra Paris decidida a colocar seios. Para ser sincera, nunca desejei ter seios. Eu estava contente assim como eu era, androginazinha. Sempre fui muito feminina, então não necessitava, não era uma coisa de que eu intimamente necessitasse. Mas para trabalhar no Carrousel de Paris você precisava ter seios. Você podia fazer de tudo um pouco, cantar, dublar, fazer o seu número, mas no final do show todas apareciam de vedete, como no Lido de Paris, com plumas e tal, mostrando os seios, era a grande coisa da época.

E tem outra: não tinha como eu colocar aqui no Brasil, eu não ousava pedir dinheiro para o meu pai pra isso. Ele já tinha pagado toda a passagem, dado a grana da viagem. Naquela época, você precisava botar um depósito aqui pro governo, bem mais caro que a passagem, além do dinheiro para me garantir lá. O meu pai fez tudo isso. Nessa época não era assim: "Pai, me paga um peito?". *(Risos)* Vamos devagar... Eu fazia meu show, juntei um dinheiro e pus o peito. Continua o mesmo peito até hoje. Tem a qualidade total.

Paris é um luxo, queridas, eu aconselho. Se é para colocar, tem que colocar de qualidade. Esse negócio de ficar trocando silicone é coisa para os médicos ganharem mais dinheiro. Eu coloquei as próteses com o dr. Antoine Delame, que era um médico muito conhecido em Paris. Fiquei numa posição na mesa para operar, eles me amarraram pra eu não me mexer. Aí ele trouxe uma bandeja e disse: "Teus seios". *(Risos)* Quando acordei, estava toda enfaixada! No começo foi estranho, mas depois eu me acostumei!

Nessa primeira vez fui para Paris no final de 1978. Fiquei 1979 inteiro na França, mas em Paris, mesmo, fiquei seis meses. Depois saí do Carrousel e fui trabalhar nas boates da província. Depois descobri a Suíça e fiquei lá o ano de 1980 todinho. Lá eu trabalhava em cabaré e ganhava bem, fui lá para isso, para ganhar dinheiro. Eu era uma funcionária do palco. Não era uma coisa que eu desenvolvesse um trabalho autoral, não é uma carreira; você vai sabendo que vai para fazer aquilo e ponto. Eu ia lá, fazia minha dublagem, meu striptease, batia meu cartão e ganhava meus dólares. Era só isso. Quando achei que estava na hora de retomar a minha carreira aqui no Brasil, eu voltei.

> *Pra ser travesti, ou você é artista ou é puta. Porque no nosso país, bem entendido, no Brasil, se você gosta de assumir a sua sexualidade, você tem que ser ou puta ou artista. Senão você dança. Onde você vai trabalhar? Numa empresa estatal? Ou você vai para uma casa de calçados, experimentar sapatos na Cinderela? Nem todo mundo é artista ou sapateiro, né? Tem gente que é como eu, normal. Aí você tem que ir pra Europa. Lá você é puta, mas ninguém mexe com você, ninguém te prende à toa. Você paga o imposto para ser puta, como você paga um imposto para ser artista, ou executivo, ou você.*
>
> CLAUDIA WONDER EM ENTREVISTA PARA
> SILVANA AFRAM EM 1984

Quando fui para Paris, eu já era muito feminina, né? Já tinha feito uma operação no nariz, já tinha tomado hormônios, já tinha um peitinho pequenininho de hormônios. Não fez muita diferença chegar aqui no Brasil com a prótese. Era como voltava toda travesti que ia pra Europa nessa época, voltava toda feita. O povo já estava meio que esperando. Mas a repercussão foi boa, me acharam maravilhosa e tal. O fato de ter seios e se vestir de mulher diferencia muitos dos gays que se vestem, tem muita diferença. Quem é travesti mesmo, quem é transgênero sabe, como é o meu caso.

É o caso de muitas que, desde criança, já têm essa coisa feminina, já têm essa tendência feminina. É bem diferente de um gay que não sente essa necessidade das coisas do feminino, ele se dá muito bem com a aparência masculina e gosta de outro com a aparência igual. Já uma transgênero sente essa necessidade, esse diferencial de se sentir feminina, de se sentir mulher.

Na minha família, quando eu cheguei de seios e tal, já toda feminina mesmo, toda feita, lembro que abracei meu pai chorando, ele me abraçou e disse assim: "Não precisa chorar, não. Eu sabia que você ia voltar desse jeito". Quer dizer, com tudo, meu pai foi uma pessoa maravilhosa! Imagine quantas meninas não são mandadas para a rua? Quantos travestis não são colocados na rua com treze, catorze anos? A família põe pra fora mesmo.

Quanto a me chamar de Claudia, demorou um pouco. Meu pai nunca me chamou de Claudia. Apesar dos seios, de tudo, ele nunca conseguiu me chamar pelo meu nome, mesmo eu toda transformada no palco. Meu pai morreu bem antes da minha mãe. Depois de algum tempo, minha mãe passou a me chamar de Claudia. Não tinha mais jeito, né?, todo mundo me chamava assim, só ela que não. Imagina... O pai, a mãe vê nascer, cria, faz de tudo, como no meu caso... Fizeram de tudo para que eu fosse um menino. O sonho deles era que eu fosse o Marquinho, né? Mas no final ela acabou me chamando de Claudia.

Quando eu voltei dessa primeira vez da Europa, em dezembro de 1980, não senti muita diferença na questão política. Não ainda. Os militares estavam começando a mudar, querendo mudar, mas ainda tinha muita rebarba. Tanto que toda essa luta por direitos começou em 1984, 1985, quando teve um episódio meu com a polícia. Mas era o começo, com as Diretas Já.

V.
"NÃO SEJA afobada"
70

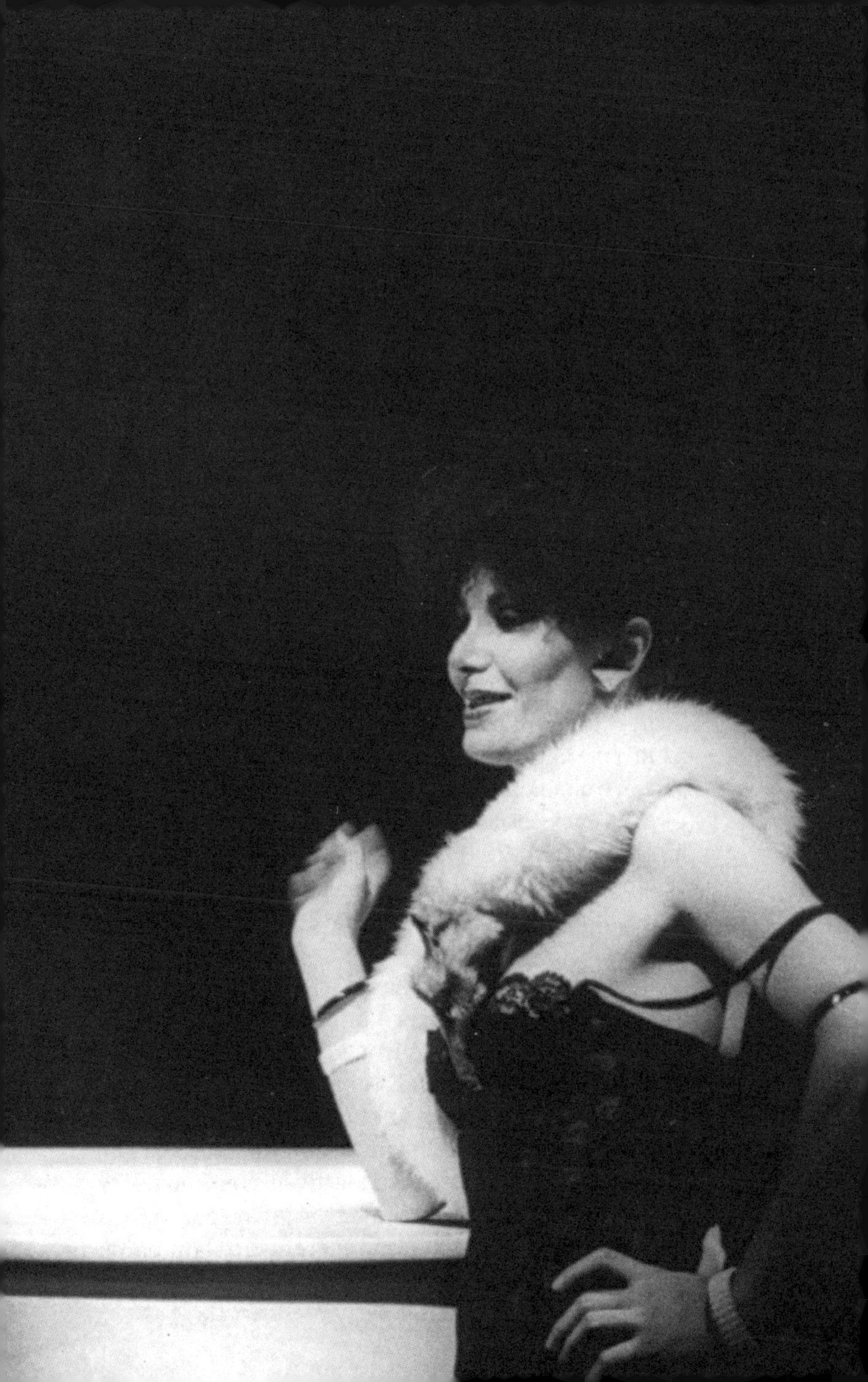

Nos filmes que eu fiz, a representação do travesti ou era erótica e sexual, ou era uma coisa divertida. Meio chacota, a coisa do sarro, da palhaçada.

CLAUDIA WONDER

Na época em que comecei a fazer show na boate NostroMondo, eu também trabalhava como maquiadora de cinema. Eu era tão menina, tão menina, que não tinha nem peito ainda. *(Risos)* Eu maquiava as atrizes das pornochanchadas. Era meados dos anos 70. Eu maquiei em vários filmes, um deles foi *O mulherengo* (1976), comédia dirigida por Fauzi Mansur, com o Edwin Luisi e a Nádia Lippi. Lembro que eu era mais maquiada que as atrizes. Eu acordava às quatro horas da manhã só para me maquiar, depois ia acordar as atrizes para maquiar. Maquiei a Marlene França, a Vera Fischer, a Aldine Müller, a Matilde Mastrangi. Todas elas já passaram pelas minhas mãos. Éramos todas muito jovens. *(Risos)* Da boate e do teatro para o cinema foi um pulinho, foi tudo na mesma época: eu estreei no teatro, aí na boate, daí pintou o cinema. Logo contracenei com Tarcísio Meira.

Eu comecei no teatro muito cedo, logo que comecei minha carreira. Fazia uns seis meses que eu estava fazendo show na NostroMondo quando pintou o convite para um teatro de revista de travestis. Era no Teatro das Nações, um espetáculo que se chamava *As Gigoletes*, produzido pelo Silvio Santos e pelo Marcos Lázaro, um grande empresário, produtor do Roberto Carlos. Esse show foi em 1975 e virou uma coqueluche. O Silvio Santos anunciava na TV, fui no programa dele para promover essa peça, então nós tivemos um ano de casa lotada. Era quase todo dia no Teatro das Nações, que hoje está completamente abandonado, mas era um teatro muito bacana, que depois de um bom tempo pegou fogo. Fizemos uma temporada de um ano, então o show parou porque o empresário teve problemas com a lei trabalhista, acho que ele não registrou na nossa carteira. Coisas de celebridade, sabe como é? Tem sempre uma sacanagem.

Depois desse espetáculo, eu não parei mais. Continuei fazendo muitos shows em boate e surgiram outras peças de teatro de revista, como a *Les Girls 77* e *O que é que a boneca tem?*. Os dois espetáculos também foram realizados no Teatro das Nações. Aí fiz o espetáculo *Depois eu conto* no Teatro Ruth Escobar, que era uma sátira da Cinderela, onde eu fazia a Cinderela. Era uma sátira só com travestis. Na época, também fiz um show teatralizado que o Ronaldo Ciambroni escreveu para mim, se chamava *Ave Noturna* (1981). Nesse show eu também cantava, ele foi apresentado no Gay Club e no Café Teatro Odeon.

Em 1985, já não era mais revista nem comédia: eu fui pro teatro sério. Fui convidada para fazer Jean Genet no Teatro do Bixiga, *Nossa Senhora das Flores*, foi uma montagem antológica, maravilhosa. Virou um cult nos teatros paulistas. Muita gente se lembra até hoje, um clássico. Foi produzida e dirigida pelo falecido Luiz Armando Queiroz, um ator da Globo, e pelo Maurício Abbud, com elenco fantástico. Foi realmente um trabalho lindo.

Depois dessa experiência, eu fui fazer o espetáculo *Lembranças*. Era uma turnê, eu fazia um show cantando. Era eu atuando com um ator americano, que também era cantor, chamado Terence Allen. Ele tinha uma bonequinha, daquelas tipo *Muppet Show*, sabe? Eu tinha uma personagem que também era uma bonequinha e se chamava Linda Katon. O show éramos nós três: eu, ele e a boneca. Depois o americano foi embora para os Estados Unidos e eu repeti esse show com um outro ator e uma atriz. Quem fazia a bonequinha era uma atriz, e o querido Fernando Athayde, um grande amigo que já está no céu, pegou o papel que o americano fazia. Com *Lembranças* fizemos uma turnê, a gente fez várias cidadezinhas do interior do Rio Grande do Norte, Ceará...

Foi quando a gente foi para Mossoró, no Rio Grande do Norte. Nossa, foi muito legal! A gente fazia publicidade no carro de som, sabe? Eu fui de vedete, o ator de Chaplin e a atriz, de toda maravilhosa. E ficava aquele carro: "A travesti mais bonita de São Paulo vai se apresentar... a Claudia Wonder". O carro passou na frente da igreja, bem na saída da missa. E eu, toda de vedete. Sei que o padre falou para ninguém ir no show, e ninguém compareceu. Só meia dúzia de bichas na primeira fileira. Foi um fracasso o show, um horror! Ele dizia que eu estava possuída! Possuída é ótimo! *(Risos)*

As ruas de Mossoró eram cobertas de sapo. Sabe, sapo? É engraçado, você anda no meio dos sapos, ou melhor, pisando em sapos. Dentro do teatro, um monte de sapo. Aliás, só tinha sapos, tudo por causa do padre. Foi uó! Mas tudo bem, faz parte da vida do artista.

Fora esse caso do padre, não tinha preconceito, não. Fora isso, os lugares enchiam. Teve um lugar... Currais Novos, no Rio Grande do Norte. Nós fizemos um show na boate de um hotel, era o hotel mais chique da cidade. Quando eu cheguei, na porta de entrada só tinha homem, só homem. Aqueles homens boiadeiros, sabe? Entrei para fazer o show e a boate era bem pequena. Eu estou cantando e lá atrás o homem começa a gritar: "Tira a roupa, tira a roupa". Eu sabia de uma história da Gretchen, numa dessas boates, em que ela não tirou quando os caras pediram, eles subiram e rasgaram ela todinha, ela ficou pelada. Pensei: "Ah, não vou ficar pelada aqui, não. Rasgada, muito menos". Falei: "Não seja por isso". Chamei o cara que estava gritando para vir ao palco. Ele estava com um chapéu desses de vaqueiro. Aí pedi pro ator: "Fernando, traz o outro vestido". Todo mundo aplaudiu, eu falei: "Desabotoa meu zíper". O cara desabotoou meu zíper, eu fiquei só de calcinha, aplaudiram, gritaram. Aí vesti o outro vestido, que o meu amigo ator trouxe. Fiz uma troca de roupa em cena, entendeu? Peguei o outro vestido, vesti e falei pra ele: "Fecha meu zíper". O bofe fechou o zíper. "Aplausos pra ele, gente." Aí ele ficou contente, feliz. E *voilà*. O nome é ótimo: Currais Novos. Currais Novos foi incrível! Coisinhas do sertão.

E agora vou contar o resto da história... O que aconteceu com esse machão aí?... *(Risos)* Depois do show, quando eu subo a escada, quando já estou na pousada lá onde eu estava hospedada, o bofe barraqueiro estava me esperando. Ele nem conversou comigo: ele me pôs na parede, eu estava com uma minissaia, ele levantou minha minissaia, baixou a minha calcinha e chupou meu pau. *Voilà*, gente. Ainda bem que ele era bem bacanão, peão bem gostosão!

Outro dia eu saí para fazer o show e tinha um monte de homem na porta da boate do hotel, já me esperando. E tinha um senhorzinho, um tiozinho com um pedaço de pau na mão. Era o meu segurança. Porque, quando eu apareci, eu só ouvi: "Ô, bicha linda! Olha que bicha linda! Olha que bicha linda!". Eu fui atrás do velho, o velhinho batendo na parede com o pau, porque senão os bofes iam me agarrar. Eu, o ator e a atriz.

Depois dessa turnê, eu me apresentei no Festival de Inverno de Campina Grande, na Paraíba. Fui recebida como uma celebridade. Globo, entrevista coletiva... Foi um luxo!

Na mesma época em que eu estava fazendo *As Gigoletes*, fui convidada para fazer uma pequena participação no filme *O marginal* (1974), do Carlos Manga. Era para fazer uma ponta, onde eu contracenava com a estrela do filme, que era o Tarcísio Meira. Ele estava no auge da beleza, da fama, de tudo. Foi uma experiência maravilhosa. Era uma cena em que eu tinha que arrancar a peruca, virar bofe. Inclusive fui dublada com voz de homem. Um horror, para chocar, mesmo. Mas foi muito legal. O Tarcísio me deu várias dicas. Foi ele que me disse: "No cinema, não seja afobada, seja sempre pausada, sempre dê mais pausa. Um segundo a mais que você ganha na tua fala é um minuto na tela". E eu nunca mais esqueci isso.

Depois dessa experiência, acabou a temporada de *As Gigoletes* em São Paulo e fomos para o Rio de Janeiro. Lá pintou o convite para fazer *A mulata que queria pecar* (1977), dirigido por Victor di Mello. Nesse filme eu já tive um papel grande, eu era a Patrícia. Na época eu era tão menina que nem peito tinha. *(Risos)* O personagem era uma transformista, o papel exigia que fosse uma travesti que se passasse por mulher. Em determinado momento ela se revela um homem em uma cena de striptease. Na cena, eu contracenei com o Antônio Pedro, um excelente ator. Também tinha a Marta Anderson e a Myriam Pérsia, enfim, um monte de gente bacana! Depois fiz uma pequena ponta no filme *A próxima vítima* (1980), do João Batista de Andrade.

Em 1982 fiz um filme chamado *Elas só transam no disco*, do diretor Ary Fernandes. Foi um convite que surgiu de repente. Uma amiga que me chamou para fazer, ela disse que estavam precisando de duas travestis e a escolhida foi a Cassandra, a Cassandrinha. Ela já conhecia o diretor e me chamou. Eu estava precisando de grana, então vamos lá. Fiz o filme, mas até hoje nunca tinha assistido, quem me mostrou foi você. *(Refere-se a Dácio Pinheiro, que a entrevista.)* Lembro que cheguei lá no set e eles escreveram uma cena com um diálogo para eu falar. Aí mudei um pouco a entonação, eles gostaram e aumentaram o meu papel um pouquinho. Na cena, fomos tomar banho em uma fonte.

Depois fiz *Volúpia de mulher* (1984), dirigido pelo John Doo. Nesse filme eu tinha uma cena grande. Naquela época tinha um negócio de falarem "Mata o véio", o bordão de um personagem velhinho que tinha no *Chico City*, programa do Chico Anysio, sempre tinha um negócio com uma mulher gostosa. Aí quando eu cheguei toda gostosona no set, que era numa rua, um molequinho veio atrás de mim e falou: "Mata o véio, mata". *(Risos)*

Em alguns filmes dessa época, como por exemplo no *Eu te amo* (1981), do Arnaldo Jabor, acho que a travesti está bem representada. Ela serve como uma engrenagem — como naquela peça do Darcy Penteado, *A engrenagem*. A personagem era interpretada por uma amiga, a Vera Abelha.

No filme, o Pereio pega uma travesti na rua e chupa o pau dela. Ele fazia o papel de um homem casado, se não me engano casado com a Vera Fischer. Como ele só queria a travesti para o sexo, no final da cena ela diz um texto dramático com uma gilete na mão, como se fosse se cortar. Acho que ali o Arnaldo Jabor fez um trabalho bem bacana. Mas, no geral, acho o travesti muito mal representado no cinema. Ou é para o sexo, ou é para a chacota.

Hoje estamos sendo representadas de uma forma mais verdadeira, mais sincera! Principalmente nos filmes estrangeiros, como a questão do intersexo que vai entrar agora no filme argentino *XXY* (2007), de uma diretora chamada Lucía Puenzo. Esse filme é sensacional! Inclusive está concorrendo a um monte de prêmios. A coisa melhorou bastante hoje em dia, mas naquela época, não.

VI.

FAZER FILME PORNÔ
não é legal para a carreira

78

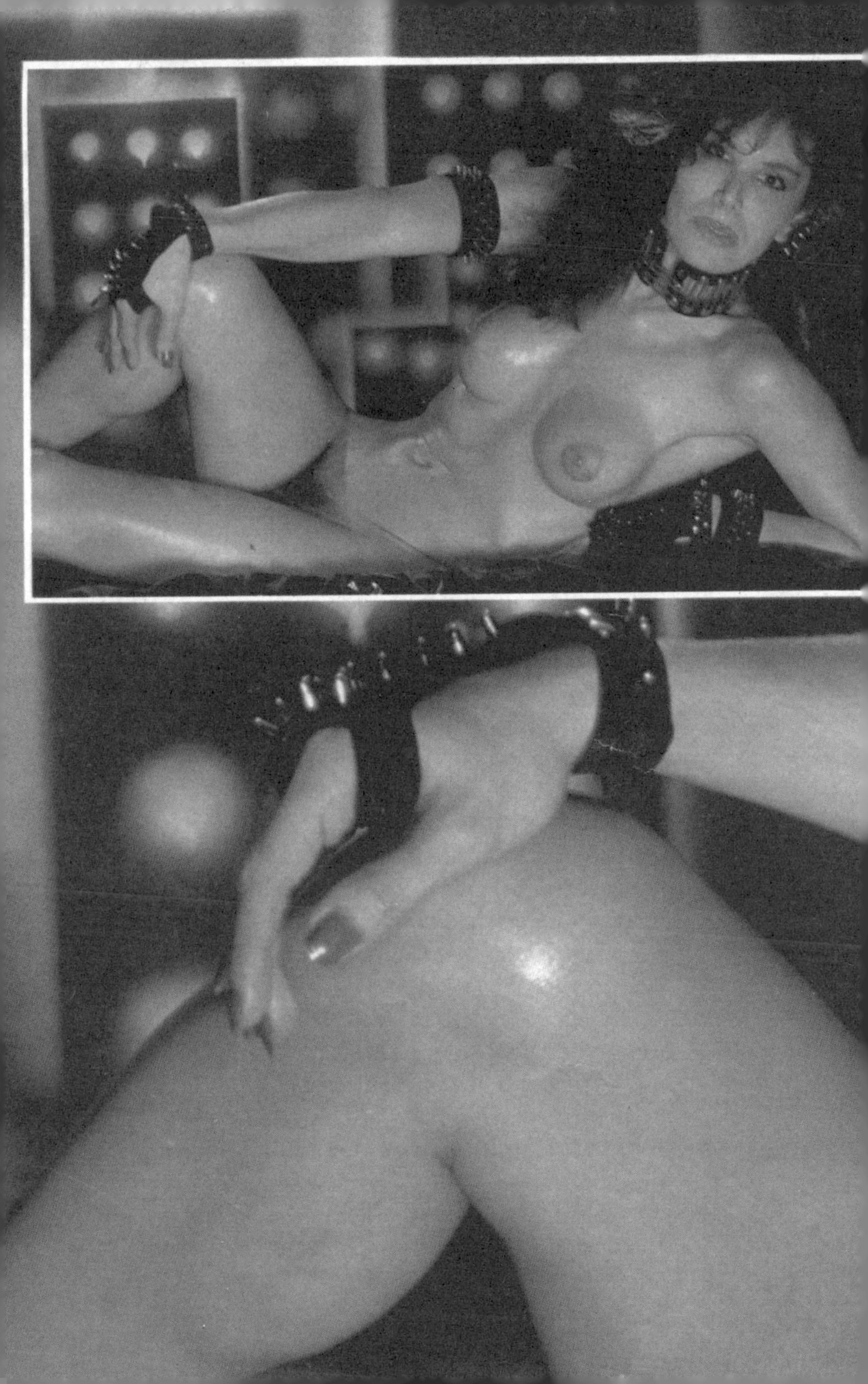

O seu Alfred Cohen, que era sócio do Juan Bajon, queria porque queria um filme com travesti, porque estava na moda da Roberta Close. Ela foi a primeira que ganhou realce na mídia classe A, na TV, no programa da Hebe, essas coisas... Aí meu produtor falou: mas tem que ter situações héteros, não pode se acomodar só no transformismo, nas cenas gays. Bom... Aí eu fiz a história de Sexo dos anormais. *Que deu supercerto, foi um sucessão, cinco semanas em cartaz, criei situações cômicas, e foi onde apareceu Claudia Wonder.*
ALFREDO STERNHEIM

No comecinho dos anos 80, pouco antes do rock, fiz uma incursão no cinema pornô. Na época não tinha vídeo, o cinema pornô era para cinema, mesmo. Quer dizer, vi minha bunda dum tamanho assim, três metros, quatro metros. Foi uma coisa que revolucionou, porque eles não faziam filmes desse tipo com travestis.

Alfredinho escreveu um filme encomendado com travesti. Os produtores convidaram uma amiga minha, a Leilah Rios, para fazer. Mas ela não quis e me chamou, e eu também não queria fazer. Aí fui conversar com o Beto Roquenzel e o Edward MacRae. "Meu Deus do céu, fazer um filme pornô? O que vocês acham? Não é legal para a carreira". Eles me falaram: "Ninguém desenha uma carreira. Vai que é bom, vai que é o momento... Vai ser a primeira vez de uma travesti, e isso vai causar um buchicho". Então eu fui e fiz.

A gente viajou para uma casa no interior, não lembro direito onde. Foi uma filmagem que nem esta aqui hoje *(refere-se à gravação do documentário, quando se deu esta conversa),* mas era uma equipe bem maior, tinha todo aquele monte de ator, o clima era realmente profissional. Apesar do clima de sexo que reinava no set, a gente estava ali fazendo um filme sério, um trabalho. Pelo menos foi assim da minha parte. O Alfredinho escreveu o roteiro, e não eram só cenas de sexo explícito. Tinha uma história, e essa história comovia as pessoas.

Eu vou ser bem sincera: não gostei de fazer o *Sexo dos anormais*. Não gostei de ter posado nua. Não gostei de nada disso. Fiz para poder dar um up na minha carreira, porque no Brasil, infelizmente, antes de mostrar o talento você tem que mostrar a bunda. Hoje tem até cantoras, atrizes, que estão fazendo a linha inversa, que é o caso da Gretchen ou da Rita Cadillac, que já teve uma carreira e hoje está fazendo filme pornô. Mas naquela época, para mim, foi muito difícil fazer filme pornô. Eu tive uma criação muito rígida, muito certinha. Eu era uma travesti certinha. Foi muito difícil fazer a cena de sexo.

Os próprios atores, como o Sérgio Buck, falavam: "Ela não fica à vontade na hora da cena de sexo". Quando a gente fazia todo o resto da filmagem, a história, tudo, eu estava ótima, estava lá, fazendo o meu trabalho de atriz. Chegava na hora da cena de sexo, eu não conseguia, a atriz não baixava. Eu ficava constrangida. Se você prestar atenção nas cenas, vai perceber que eu não tô à vontade.

Mas a gente ria muito, a gente se divertia. A relação com o elenco foi muito bacana, era um clima gostoso entre os atores, a equipe, todo mundo. Foi um mês de suruba no sítio. *(Risos)*

Era um grupo de pessoas que vão parar na clínica de um psiquiatra, que era o Antônio Rodi, numa casa de campo. Eles se internam lá pra cada um se curar de seus problemas existenciais e, claro, eróticos. Então cada um conta sua história. Uma era chamada Silvia, a outra, Sandra Midori, uma nissei maravilhosa, que foi uma grande estrela dos meus filmes, e a outra era a Claudia Wonder, que contava por que se transformou em mulher. Ela era um rapazinho, que era outro ator, que tinha um romance com um peão da fazenda, aí esse peão diz assim: "Se você fosse mulher eu me casava com você". Arrasada, ela vai pra São Paulo, conhece um político que paga a passagem dela para Paris e lá ela se transforma e volta pra fazenda. Mas o peão não se casa com ela. O repúdio do peão deixa a Claudia na fossa, aí que ela vai na psiquiatra, que era a Ivete Bonfá. Acho que teve outros filmes com travesti, mas com sexo explícito, eu acho que não.

ALFREDO STERNHEIM

Então era um filme gay, que tinha sexo com homens, homem com homem e com travesti. Então era sexo dos anormais. Naquela época, chamavam a gente de anormal. Pode um negócio desses? Era muito preconceito, gente.

Mas tem uma sequência no filme, em especial, em que acho que estou ótima. É a cena em que está rolando uma suruba na casa e um cara senta do meu lado, meio que me paquera e fala: "Vamos lá pra dentro". Aí corta, eu já tô transando com o cara. Aí ele me força a chupar o pau dele. Eu vou lá e mordo o pau dele, começa uma briga e bato com o vaso na cabeça dele. Essa cena eu acho hilária. Essa cena eu fiz bem, ali tinha uma coisa de atriz. Porque, na minha opinião, atriz pornô não é atriz. Ela é bonita, gostosa, a atriz é a xoxota. O ator ali é o que aguenta mais tempo de pau duro. Então, na minha concepção de arte, de teatro, enfim, de cinema pornô, a atriz na realidade é o genital, e não a pessoa.

O Alfredinho era um amor. Um ótimo diretor de cinema, me dirigiu muito bem. Uma vez eu dei um escândalo, um piti. A gente começou a filmar às seis horas da manhã e passamos o dia inteiro filmando. Já eram quatro horas da manhã do dia seguinte e ele queria continuar filmando. Mas eu não aguentava mais. Não é só trepada, né? Cinema, você sabe como é? Você para e fica esperando. Eu estava tão cansada que eu dei um show. Falei "Chega", dei um piti e fui dormir. Ele virou pra mim e falou: "Ah, você ficou lendo muito essa revista da

Marilyn Monroe". Ele achou que eu estava dando uma de estrela. *(Risos)* Mas não, eu estava cansada, mesmo.

Tanto o *Sexo dos anormais* (1984) quanto a continuação, *Sexo livre* (1985), foram rodados juntos. Foi feito um filme só, depois dividido em dois. Foram os primeiros filmes pornôs com travestis no Brasil. E comigo! *(Risos)* O bacana disso tudo é que fui elogiada como atriz, mesmo sendo um filme pornô. Diziam no jornal: "Não basta ser bonita, precisa ter talento". Isso confirma o que acabei de dizer: atriz pornô tem que ser bonita e pronto.

Depois do filme pronto, veio a repercussão do público e da imprensa. Vários amigos meus foram ver o filme, a comunidade gay inteira. Imagine, foi um auê. Quando teve a estreia, eu cheguei por último e fiquei lá atrás escondida. O cinema estava lotado, lotado, lotado... tinha até gente em pé. Quando acabou, eu saí primeiro. Mas foi um buchicho. Foi muito comentado.

Foi capa de jornal, saiu em várias revistas, como a *Playboy* e outras revistas especializadas, que falam mais do cinema pornô. E aí as pessoas começaram a olhar para mim. Ser reconhecida como atriz num filme pornô é uma missão quase impossível, né? Mas foi o que aconteceu comigo. Muito bacana.

Depois eu fotografei para uma revista masculina em nu frontal. Fui lá na redação da *Big Man Internacional*[6] reclamar de uma nota machista que eles tinham dado a meu respeito. Eu não concordei com o que eles tinham falado sobre mim e eu fui lá pedir para darem uma errata.

Eu, muito exibida, cheguei na redação da revista e falei: "Olha aqui, eu quero que vocês corrijam esse

---

6   Revista erótica que circulou no Brasil entre as décadas de 1980 e 1990.

negócio aí, porque não é nada disso". Eu não lembro o que foi... Eu estava toda bronzeada, tinha acabado de chegar da praia, e fui com um camisetão que um amigo estilista, o Zupa, tinha me dado de presente. Era uma camiseta justa bem colada, que pra mim ficou um vestidinho bonitinho, sabe? Corpo todo justinho, bonitinho.

Sei que eu tava toda bonitona, o cara me achou gostosíssima e falou: "Escuta aqui, vem cá, você não quer posar para a gente?". "Como? Posar nua?" Perguntei para alguns dos meus amigos: "Será que eu poso pelada? Será que eu não poso?". Falaram: "Imagina, posa, sim". Aí eu fui e posei.

A revista era de mulher pelada, não era uma revista de travesti. Nunca tinha saído nenhuma travesti pelada no Brasil. No mercado internacional já tinha, mas no Brasil, não. Era uma vergonha imaginar uma travesti mostrando o pinto, era um horror. Eu fui criticada por todas: "Como, mostrar o pau, o que é isso? Nu frontal?". Eu mesma tinha esse preconceito, me mandei para Natal e fiquei lá dois meses. Aí eu ligava pro pessoal, e o pessoal: "Vem que tá um sucesso, vem curtir o sucesso, vem aproveitar!". Que nada!

Eu não fiquei excitada, né? Posei de pau mole. Não tinha condições. O Zupa foi comigo, teve todo um cenário e tal. Ele passou óleo, o Zupa que fez o figurino e a beleza! Mas não vou dizer que foi tranquilo porque não foi, não. O cachê era uma pequena quantia em dinheiro e o resto era pago para eles fazerem o lambe-lambe do meu show de rock. Eles fizeram um cartaz com um papel bonito, com três cores e tal. Foi superlegal.

Eu pensava assim: no Brasil, você pode ser uma cantora maravilhosa, você pode ser uma atriz maravilhosa, mas para aparecer na mídia você tem que mostrar a bunda. Enquanto não mostrar a bunda, você não faz sucesso. Aí eu entrei nessa. E acabou que foi mesmo um sucesso, porque fui a primeira travesti brasileira que posou de nu frontal.

Tem gente que coleciona até hoje, tanto a revista quanto os filmes que eu fiz. O João Gordo foi um que me confessou que tinha uma cópia guardada. Acho que ele fazia coleção de revista de mulher pelada quando estava solteiro. E ele tinha a minha revista guardada, mais de dez anos depois. Outras pessoas também tinham, várias. Foi uma coisa que se gravou na cabeça dessa geração.

VII.

O VÔMITO do Mito

CABARET SATÃ

86

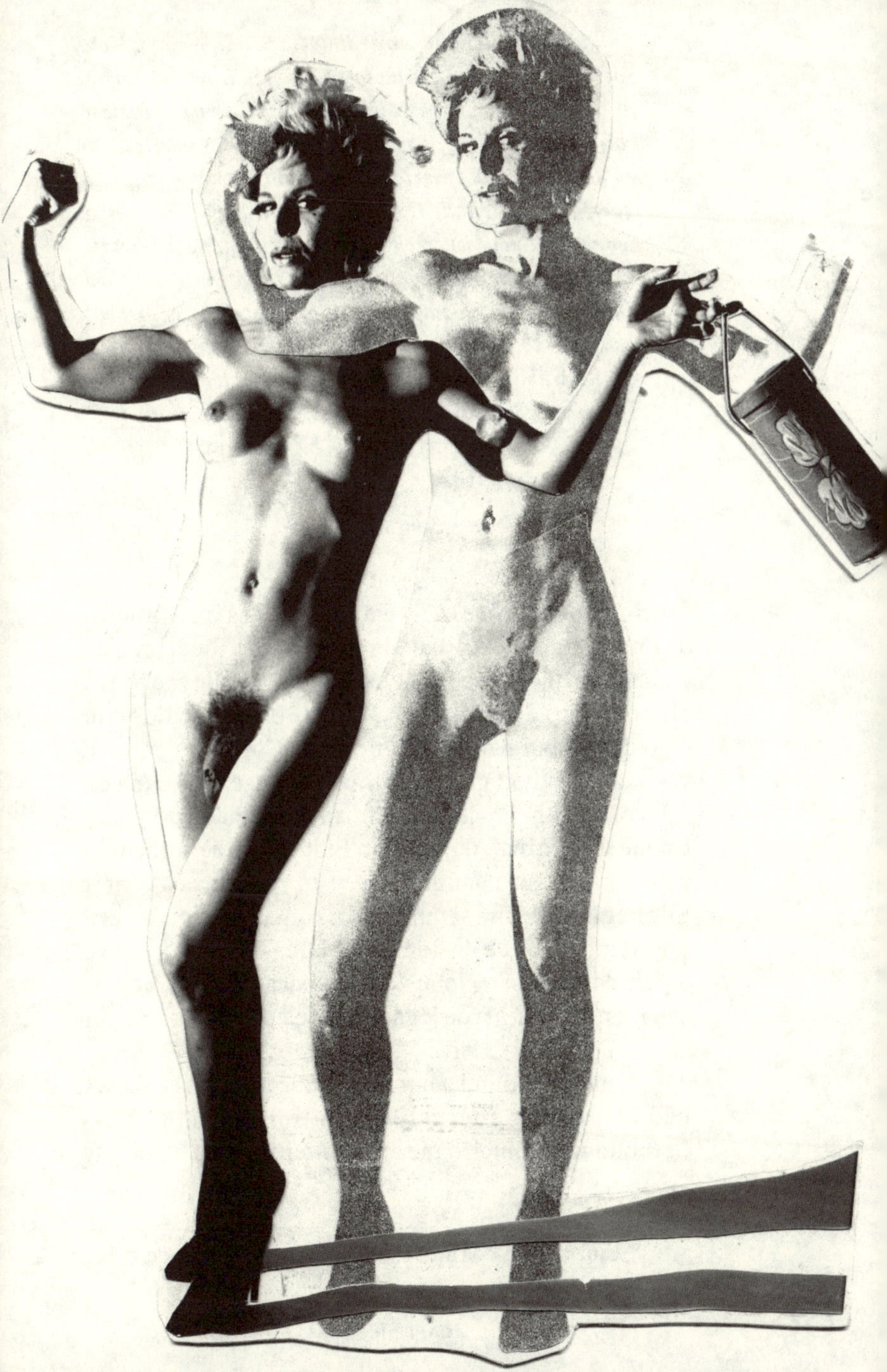

Quando eu fazia imitação de Judy Garland, Marilyn Monroe, outras do gênero, eu lia sobre essas mulheres. Não fazia apenas por fazer, por ego. Eu fazia artisticamente, fazia a coisa real. Por isso fui adquirindo respeito. A partir disso, eu decidi que não queria mais ser Marilyn Monroe, não queria ser mais Judy Garland, Liza Minnelli. Eu queria ser reconhecida pelo meu trabalho, pela Claudia Wonder, não queria ouvir os aplausos para Liza Minnelli ou para Judy Garland. Eu queria que os aplausos fossem só meus. Então, trabalhando em cima disso e com muito trabalho, muito trabalho mesmo, hoje eu consegui ter os aplausos só pra mim, cantando, compondo, escrevendo, falando...
CLAUDIA WONDER, EM *DOULEUR D'AMOUR* (1987)

O primeiro show que eu fiz cantando foi na inauguração de uma boate gay. A Elke Maravilha era a madrinha da casa. Acho que a casa se chamava Boys and Boys e ficava ali no bairro de Perdizes. O Brasil tinha perdido um jogo de futebol para a Argentina na Copa e eu entrava vestida de Evita Perón, com um topete e uma capa de veludo, com uns broches. Eu entrava cantando "Don't Cry for me Argentina", dublando a Evita. Depois ia abrindo a cortina, tinha a banda atrás, e eu começava a cantar Elis Regina. Era um samba, a Elis cantava assim: "Brasil está vazio na tarde de domingo/ Olha o sambão, aqui é o país do futebol".[7] No meio da música eu tirava aquela capa, estava vestida de jogador da seleção brasileira por baixo. Foi um frenesi.

Quando montei a banda de rock para fazer shows, não havia casas alternativas, só tinha o Napalm e o Carbono 14. Primeiro me apresentei em uma boate gay,

---

7 · "Aqui é o país do futebol", do álbum *Trem azul*, de 1982.

na Homo Sapiens,[8] onde eu já fazia shows de glamour, shows de imitação da Marilyn Monroe, Liza Minnelli, Josephine Baker, aquela coisa cheia de boys, coreografias, escadarias, plumas, strass e aquele luxo todo. Bom, eu entro em cena com uma banda de rock, tocando hard rock, punk, completamente diferente do que o público daquela boate estava acostumado a ouvir. Era o antiglamour total, a contracultura com show punk em uma boate gay. No final, fico nua numa banheira de groselha e jogo groselha em todo mundo.

O local era frequentado pelo que a gente chamava de bicha-laquê: aquelas bichas todas de branco, todas engomadinhas, todas durinhas. Imagina as bichas todas sujas de groselha! Foram lá reclamar para o dono da boate. Elas diziam: "Enquanto esse veado estiver aqui, eu não volto mais aqui". Aí o dono foi reclamar pra mim: "Claudia, você pode continuar o teu show na semana que vem, mas sem jogar groselha no povo, ok?". Eu falei "Tá bom", mas depois pensei: "Eu vou mexer no meu show? Meu show é assim mesmo". Era essa coisa, essa pancadaria.

---

8   Napalm foi uma casa de shows localizada no centro de São Paulo, criada pelo empresário Ricardo Lobo. Inspirado nos inferninhos novaiorquinos CBGB e Max's Kansas City, funcionou entre julho e novembro de 1983 e teve a apresentação de uma nova geração de músicos do punk e do rock brasileiros dos anos 80. O Carbono 14 funcionou no Bixiga entre 1982 e 1987; lá aconteciam projeções de filmes e shows de bandas como Ira!, Mercenárias e Violeta de Outono. Homo Sapiens foi inaugurada em 1978; foi um importante espaço de sociabilidade LGBT, reduto de grandes artistas transformistas, caricatas (vertente transformista cômica), travestis, shows de nudez masculina e concursos de beleza. Era tão popular que recebeu em 1981 a visita de Freddie Mercury, vocalista da banda Queen, durante sua passagem pelo Brasil.

Na semana seguinte joguei groselha em todo mundo de novo. Só que na semana seguinte tinha um outro povo lá, não eram mais aquelas bichas-laquê. Metade eram as bichas que frequentavam e metade já era um povo mais alternativo, que foi lá para me ver, porque estava curioso com o que ficou sabendo. O pessoal do Camisa de Vênus e dos Titãs apareceu na boate, tinha um pessoal de cinema também.

Como eu joguei groselha de novo na turma, no final do show o dono da boate veio e me falou: "Olha, Claudia, sinto muito, mas não dá pra você continuar aqui". Não demorou para que o povo me chamasse para me apresentar no Carbono 14, no Rose Bom Bom[9] e no Madame Satã. Aí eu já estreei onde era o meu lugar, no antro. *(Risos)* Foi ali que eu me identifiquei. Ali era o meu lugar, no underground.

Na época, os gays detestavam rock'n'roll. Travesti, então, nem se fala, as travestis gostam de glamour. Mas esse show meio que fez uma escola de jovens gays que começaram a seguir a gente. Bichas que achavam aquilo diferente, um outro caminho do gueto. Não sei se saí de um gueto para ir a outro, mas era uma alternativa, uma outra coisa. Mas na época os gays não gostavam de rock'n'roll de jeito nenhum. Hoje tem a festa Grind,[10] do querido André Pomba, mas na época não tinha.

O gosto das travestis nessa época era igual ao dos gays: era glamour, era Bonnie Tyler, Shirley Bassey, Liza Minnelli... enfim, as grandes musas do pop. Nessa época

---

9   Rose Bom Bom foi um bar lendário no underground paulistano dos anos 1980; além de música tocada por DJs, servia de palco para bandas como Titãs e Legião Urbana.

10 Criado por André "Pomba" Cagni (1964-2023) em 1998, o Projeto Grind foi uma matinê dominical que acontecia no extinto A Lôca. A festa, inicialmente voltada para o público GLS e apreciador de rock e cultura alternativa, conquistou um público amplo até deixar o clube, em 2017.

era muito comum fazer show de dublagem, mas eu cansei de fazer esse tipo de show, eu queria me expressar de outra forma. Eu achava que um travesti podia fazer outra coisa, não precisava ser somente uma vedete, descer as escadarias com os bailarinos e tal, que podia ter uma outra forma de expressão. Foi aí que eu escolhi o rock.

A primeira casa underground que conheci foi o Napalm. Quem me levou lá foi o Antônio Bivar, mas eu não frequentava. A cultura underground entrou na minha vida de vez quando passei a frequentar o Madame Satã. Era lá onde todas as tribos se encontravam: punks, travestis, góticos, gays, socialites, todo mundo se misturava. Era uma época em que as pessoas gostavam de se produzir, de se expressar, era uma coisa de criação artística. E o Satã era um lugar para isso. Era bem legal, mas às vezes saíam umas brigas. Uma vez eu tive que separar no grito uma briga de uma travesti amiga minha com um punk. Os dois se pegaram no tapa. Foi aquele show.

Nessa época, eu curtia tomar caipirinha de vodka com cerveja. Era muita cerveja. Na realidade eu tomava mais cerveja. Gin para mim é um veneno, nunca fui muito fã de gin. Depois surgiu o Carbono 14, onde cheguei a me apresentar, e começaram a proliferar as casas "unders". O Ácido Plástico, que ficava lá em Santana, na Zona Norte, era uma igreja que se transformou em um clube punk.

> *Quem era o artista que frequentava o underground dos anos 80 que não conhecia Claudia Wonder? Difícil, só se fosse um desfocado, chapadão no cantão. Porque a Claudia, entre tantas figuras dos anos 80, tinha o lugar dela muito bem situado.*
> GRACE GIANOUKAS

Eu sempre gostei de rock, mas nunca fui uma roqueira de verdade. O show de rock que fiz nos anos 80 foi mais uma oportunidade para me expressar diferente do que as pessoas estavam acostumadas a ver em um show de travesti. Antes eu era uma estrela de boate gay. O show era só glamour, com escadarias, bailarinos, plumas, brilhos, luxo e riqueza. Mas eu queria acabar com tudo isso. Foi uma ruptura pra mim e apareci totalmente punk, de cabelo curto e com uma banda. Mas fã de rock eu nunca fui, não. Eu sempre tive uma coisa com o novo, e na época teve aquela explosão do rock nacional... Foi aí que eu entrei nessa para poder me expressar de uma forma diferente. E também porque é muito mais criativo você fazer uma música, escrever uma letra, do que dublar uma estrela que já existe.

Os primeiros passos no canto eu dei com o Tato Fischer. Ele foi meu professor de canto, fiz muito tempo aula com ele. Um querido. Cantei uma música dele, a "Exótica", num show que fiz na boate Colorido. Ele meio que dirigiu o show. Ele também gravou comigo o *Melopeia*,[11] que eram sonetos de Glauco Mattoso.

Nos anos 80 eu tive três bandas. A primeiríssima se chamava As Novas Flores do Mal, foi quando fiz o show da banheira. Mas era uma banda contratada, não fui eu que criei. Eu e o Beto Roquenzel selecionamos as músicas, eu fiz algumas versões, chamamos o Sérgio, que fez alguns arranjos, outros músicos e criamos a banda.

Eu e o Beto Roquenzel éramos muito amigos, a gente se adorava. Logo depois que eu o conheci, eu fiquei apaixonada. O Beto era um homem muito lindo. Ele era meio Burt Lancaster, belo! A gente ficou tão amigo que eu acabei

---

[11] O CD *Melopeia* foi lançado em 2001 pela Rotten Records, com sonetos de Glauco Mattoso musicados por vários artistas. Claudia faz uma parceria com Edson Cordeiro, cantando a versão do soneto "Virtual".

me apaixonando por ele. Mas depois passou. A gente não chegou a namorar. Eu andava com ele direto, pra cima e pra baixo. A gente parecia que era casado, porque eu dormia na casa dele direto, mas éramos só amigos, só amizade mesmo. Não namorei porque ele não quis. Ele era meu querido amigo, meu Pigmalião. Meu existir, minha reencarnação, essas coisas. Com certeza a gente foi alguma coisa no passado ou será alguma coisa no futuro, porque ele foi muito importante na minha vida. Ainda é.

O Vômito do Mito era o nome desse show. O Beto Roquenzel dirigiu as performances e a gente idealizou tudo junto. Ele tinha feito muitas versões de outras músicas, mas algumas composições foram feitas para mim, como "Batgirl", que foi baseada na música do Batman. A música era uma homenagem às prostitutas. A "Batgirl" é uma heroína. Acho que as prostitutas no Brasil são heroínas. Enfim, era um show criado para eu cantar.

O show tinha várias partes. Primeiro, apagavam todas as luzes. Tinha um clima. Eu entrava vestida de samurai, um símbolo do machismo. Usava uma máscara e uma espada, era um samurai estilizado com uma espada de neon, bem anos 80. Depois entravam o Beto e o Jorge pela plateia, como se fossem dois monges. Eles também faziam backing vocal. Eles jogavam um talco no público, era uma música bem climática. Eu subia no palco, ia tirando os símbolos do macho e me transformando na Batgirl. Aí começava realmente o show de rock. Era supermoderno na época.

No rock eu admirava muito o Lou Reed. Ele foi o meu grande inspirador, foi o que me deu uma luz. O grande sucesso no meu show foi a versão que fiz do "Walk on the Wild Side", onde eu cantava em português, falando desse lado escuro da cidade. Na época ninguém cantava sobre isso, o submundo dos travestis, dos michês, das prostitutas, dos drogados. Tinha tudo a ver com o meu universo. Tinha essa coisa à espreita de uma guerra, sabe? A gente falava de drogas, a gente falava de travesti, a gente falava da barra pesada, a gente falava de viciados, a gente falava de política, falava de sexo, enfim, rock'n'roll. A ideia da letra foi minha, mas o Beto Roquenzel mudou algumas partes. Era o que dava o lirismo, era o ápice do show. Todo mundo adorava, a versão se chamava "Vem pra barra pesada".

VEM PRA BARRA PESADA

José fugiu do interior pra capital
Cruzou de carona o seu país
E no caminho ele raspou as pernas
Ele virou ela e chamou: Ei, cara
Vem pra barra pesada
Vem pra barra pesada

João nunca deu o rabo de graça
Quem queria pagava e pagava
Era um michê aqui e outro ali
Isso pra ele era se divertir
Aonde?
Na barra pesada, vem se divertir!
Na barra pesada
E as bichas cantavam do, do, do, do, do, do, do

Jesus era chave de cadeia
Era o preferido do xerife
Mas ele não esquentava
Nem quando sangrava
E com a boca melada
Ele lambia e engolia
Toda essa barra pesada
Engolia toda essa
Barra pesada

E ganhou a rua o Rapadura
Descolar um rango é coisa dura
Val-Improviso[12] *foi a jogada*
E a galera agitando gritava, hei cara!
Aqui a barra é pesada
Aqui a barra é pesada

De baixo astral estava Maria
Pensou ser James Dean por um dia
Então tomou e cafungou e se picou
Alguém perguntou por quê?
É que a barra é pesada
Por quê, mina?
É que a barra é pesada
E as putas cantavam do, do, do, do, do, do, do

No final tinha uma outra performance, uma coisa meio bandido e tal que os meninos faziam. Sem que a plateia percebesse, eu entrava com uma capa com as cores do fogo. Eu virava e colocava uma máscara, que era uma labareda meio demoníaca, e quando eu abria a capa eu estava completamente nua e com essa máscara de labareda. Era para ser uma figura andrógina, uma coisa diabólica. E, no meio da pista, no meio do povo, tinha uma banheira cheia de vinho com groselha, que ficava coberta com a bandeira do Brasil.

Tinha uma parte mais instrumental hard rock, a versão do Lou Reed de "Walk on The Wild Side", bem pesada. Eu entrava nua na banheira, com essa máscara de labareda. Era um ser que entrava na banheira. Ouvia-se um tiro e entrava o som de uma marcha nazista; com esse tiro, eu caía morta dentro da banheira.

---

[12] Val-Improviso era um dos points do underground paulistano, onde transitavam gays, travestis e roqueiros.

O VÔMITO DO MITO

Depois, quando acabava a música, eu levantava e fazia a posição de Cristo na cruz. Aí vinha um rapaz, pegava um pano branco e fazia o Santo Sudário do meu corpo. Saíam o peito e o pau marcados com o sangue. Aí vinha outro rapaz, me embrulhava com a bandeira do Brasil, e a gente ia saindo lentamente do palco, ao som dessa marcha. Bem sinistro.

Imagina eu nua, no final, depois de toda aquela loucura de hard rock, de punk rock, aquelas letras que tinham a ver com a época... A política sendo feita por um travesti. Na performance, eu jogava essa groselha em todo mundo. Era o delírio. Ela significava o sangue, que era o sangue da aids. Eram os anos de chumbo da epidemia. Nessa época, 1985, 1986, o pessoal tinha medo de chegar perto de travesti, de ser confundido com gay, porque tinham medo de pegar a doença no ar. Eu fiquei seis anos sem namorar ninguém, era uma solidão. Sem contar a agenda: eu ia fazendo cruzinhas na minha agenda de amigos que iam morrendo. Causou um buraco cultural. Quantos artistas maravilhosos morreram. Atores, pessoas ligadas à cultura. Muito triste. Ninguém sabia como se pegava essa doença. Jornais como o *Notícias Populares*, sensacionalistas, chamavam de "peste gay". Foi no auge dessa época que eu fiz esse show numa banheira de "sangue".

O João Gordo falou em uma entrevista pra *Playboy* que ele tinha medo dessa água. As pessoas tinham medo dessa banheira, dessa groselha. Mas tudo isso era um grito contra o preconceito da doença. Essa coisa horrível que a gente estava vivendo. "Olha aí, o meu sangue!" Foi isso que ganhou a simpatia do pessoal mais engajado.

Era uma forma de amenizar, de aproximar as pessoas desse sangue "contaminado". As pessoas enlouqueciam porque era um hard rock tocando e esse sangue voando pra tudo que é lado. Os punks pulavam por cima da banheira, era uma loucura. Várias pessoas já me falaram que ficaram pra fora do Satã porque lotou muito, todo mundo queria ver o show. A performance ficou muito

Claudia Wonder

→ 2 DE DEZEMBRO
SEGUNDA-FEIRA

MadameSatã

R. Cons. Ramalho, 873

arte: paulo garcia

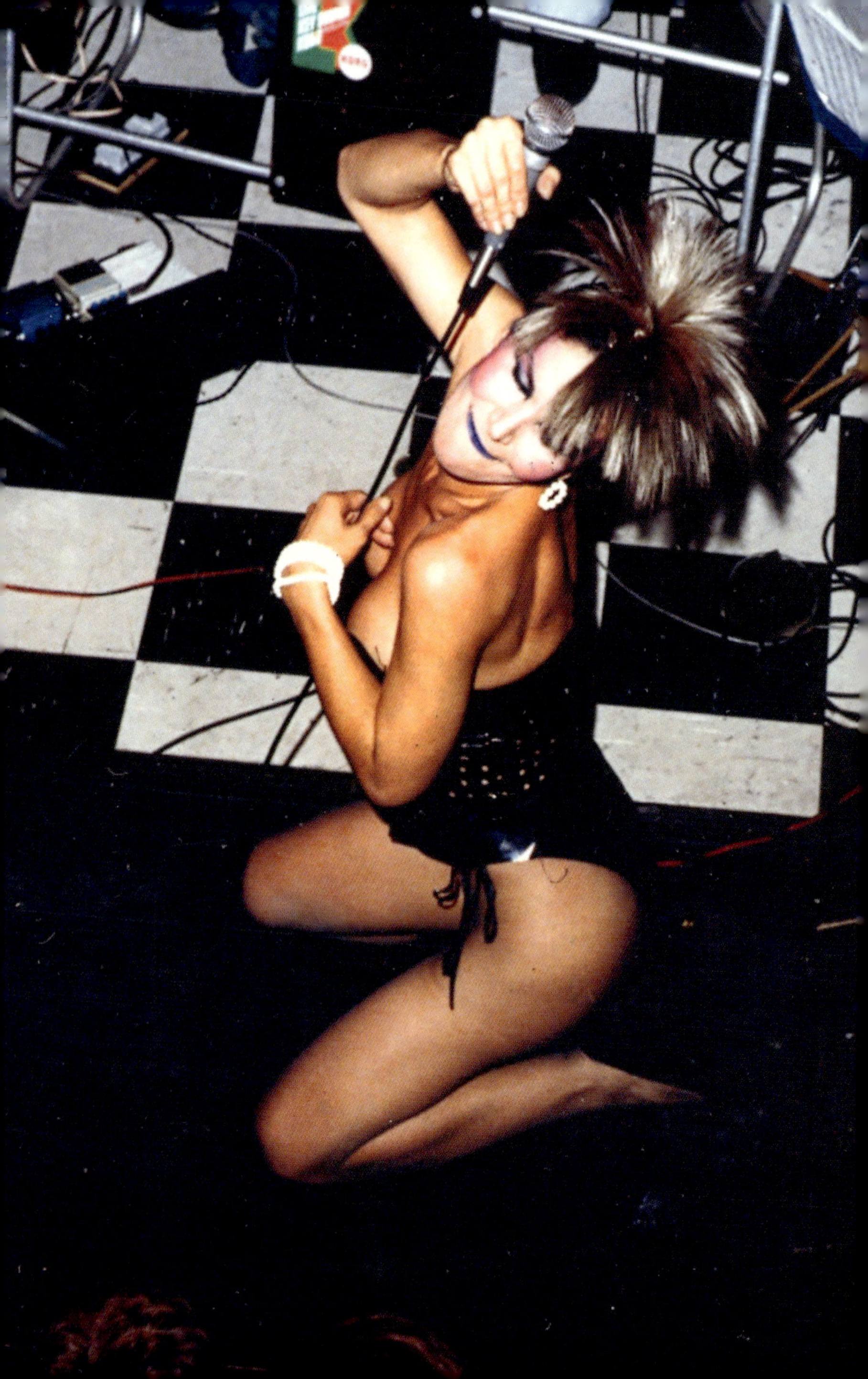

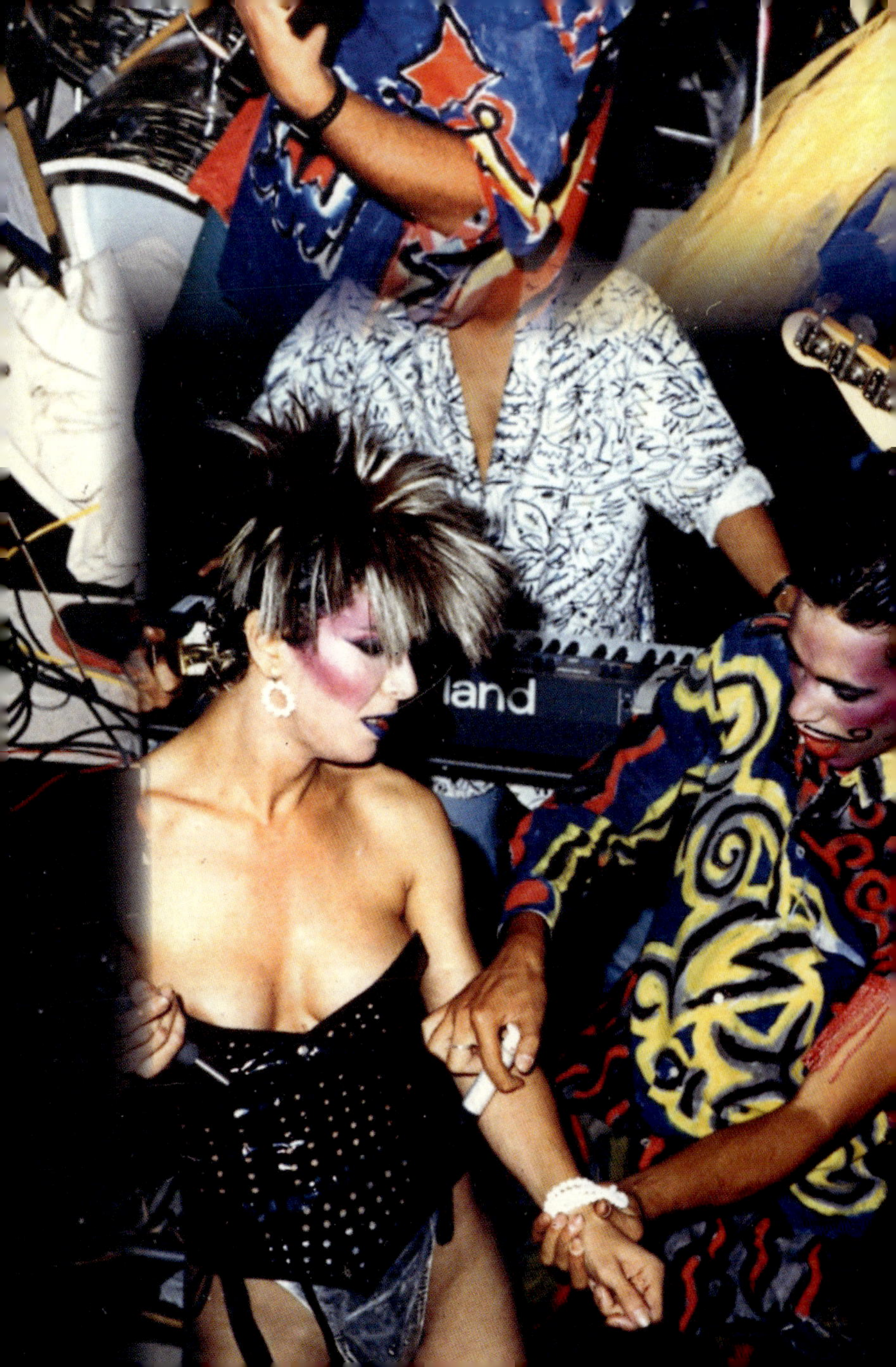
land

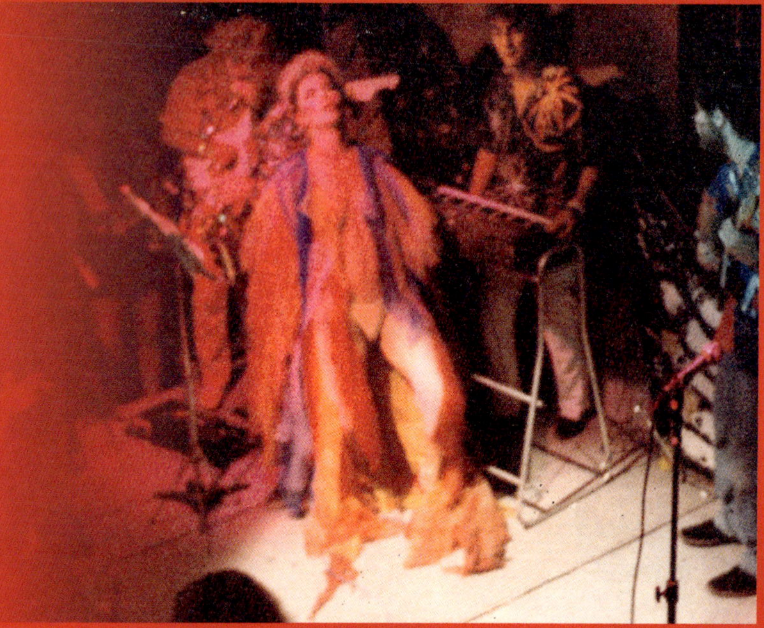

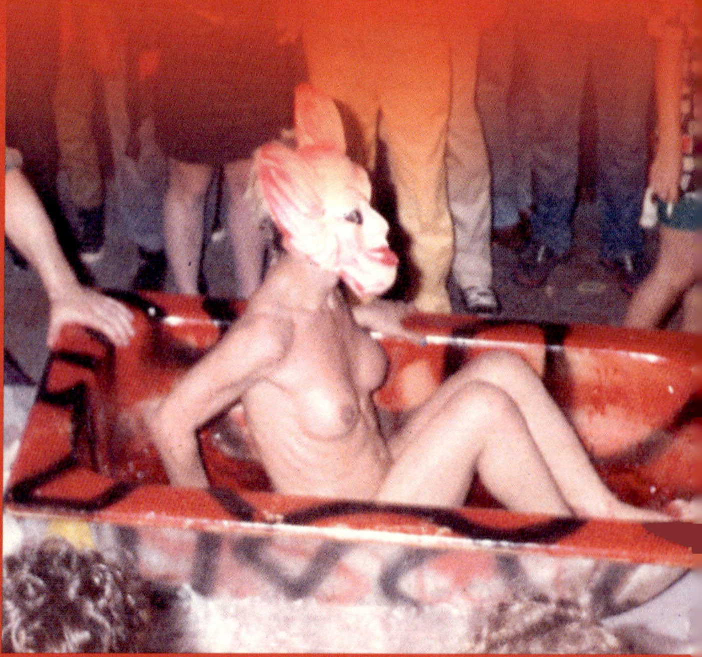

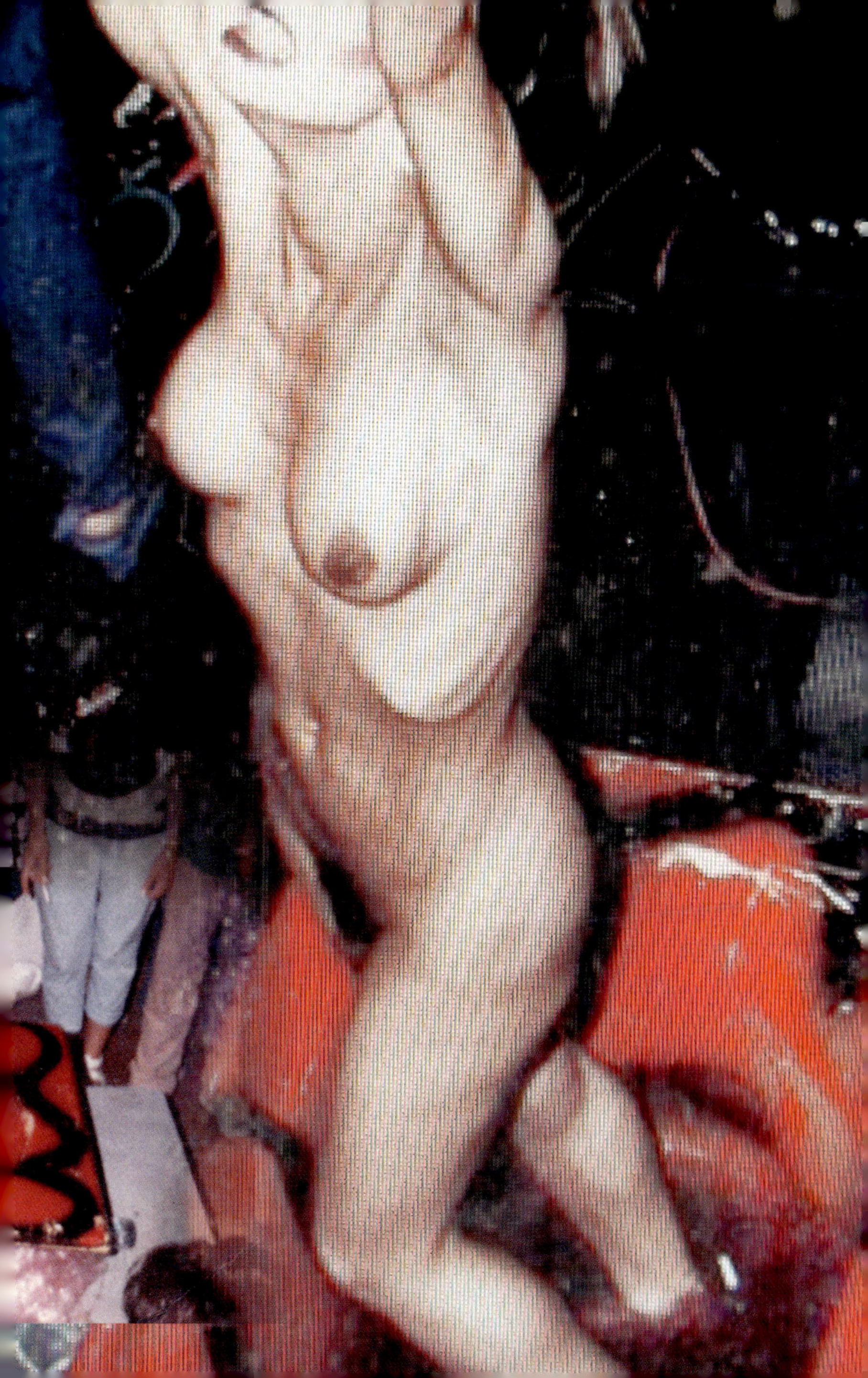

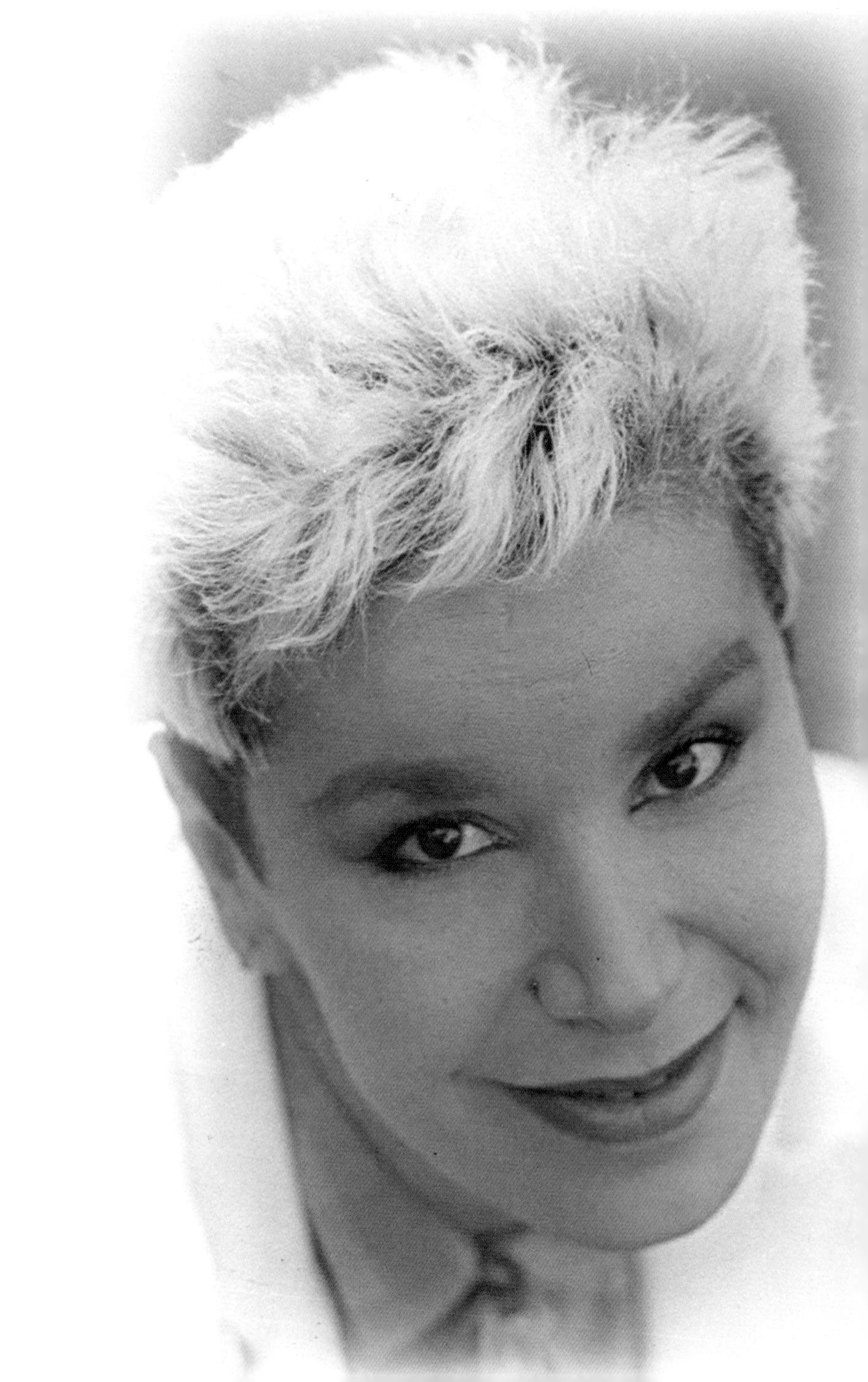

FANZINE
Madame Satã

Travesti punk abafa nas noites darks paulistanas

O novo must das noites darks paulistanas está sendo o Vômito do Mito, o show que o travesti/roqueiro Cláudia Wonder apresenta no Teatro do Bixiga, nas segundas e terças. Misturando teatro e rock pauleira Cláudia coloca no palco toda a sua androginia punk de uma maneira sempre surpreendente. Como quando interpreta uma freira (com as nádegas descobertas) que se queixa a Deus das insuportáveis tentações da carne ou como quando, nua, se lambuza de groselha dentro de uma banheira. Mas não é só. Nessa miscelânea geral, o travesti ainda declama/canta poemas. Pra quem gosta, é um prato cheio. Os punks que o digam!

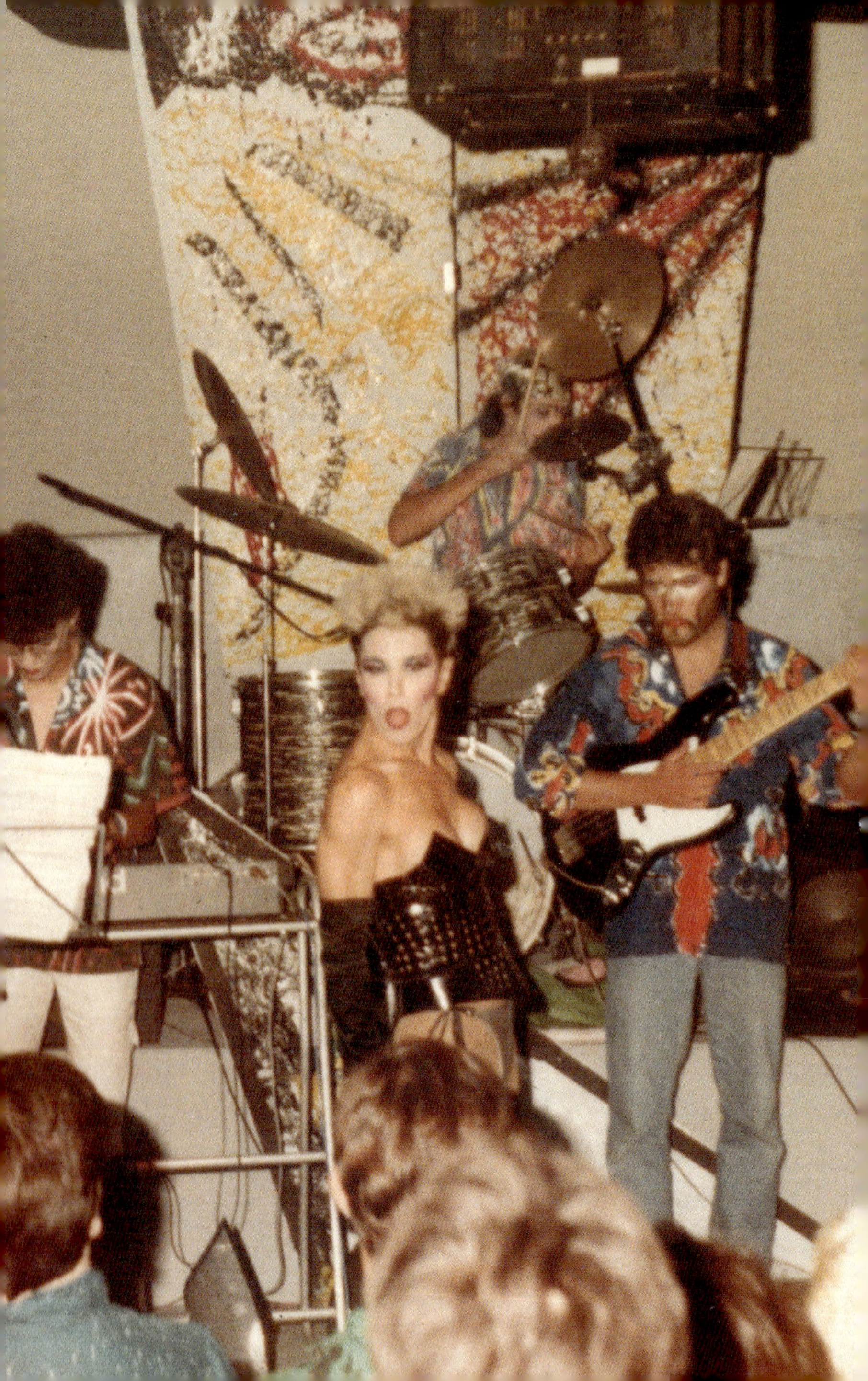

conhecida. Era um grito de revolta, um basta nisso tudo. Era o delírio. Isso foi antológico.

> *Eu me lembro de épocas em que a gente se aplicava com cocaína e chupava o sangue um do outro. De orgia. O sangue era delicioso, um gosto de amor extremo, né? Você se apaixonou e de repente se desapaixonava, e aí tomava outro pico e você chupava o sangue, e não tinha problema chupar o sangue do outro. Aí o sangue passou a ser uma coisa terrível. Aí ela faz uma banheira e se joga na banheira e esborrifa sangue pra todo lado, e tudo com charme... Tudo com charme, com arte, com leveza...*
> JOSÉ CELSO MARTINEZ CORRÊA

As letras das músicas falavam de amor, falavam de política, falavam de solidão, falavam de várias coisas... da barra pesada. Os meus parceiros nas composições eram o Luiz Henrique Saia, a Helena Miller, que escreveu "Último trem" para eu cantar. Mas eu fiz várias versões de outras músicas, tinha inclusive uma música da Wanderléa, da Jovem Guarda, que eu transformei num ritmo punk. A gente fez um arranjo hardcore e ficou bem bacana.

ÚLTIMO TREM

Nos escombros daquela catedral,
Um sobrevivente da Terceira Guerra Mundial!
Nos escombros daquela catedral,
Um sobrevivente da Terceira Guerra Mundial!

Dorme em paz...
O último homem, que já não quer mais
Nada, a não ser: ser!
Nas sombras do túnel vazio do metrô
Gargalha o fantasma,
Que engoliu o trem do amor

Descansa em paz o último homem,
que já não tem mais de esperar
O último trem...
Não vai ter mais que esperar nem pagar
Para entrar no maldito do trem...

Na mesma época, conheci o Glauco Mattoso e o Roberto Piva, por intermédio do Beto Roquenzel. Foi ele que me apresentou toda essa gente bacana. O Glauco eu conheci na época da criação do show, foi quando nós escolhemos o poema dele para falar/cantar no show. O nome do show veio a ser *O Vômito do Mito*, que é uma frase desse poema. Mesmo porque eu estava querendo vomitar esse mito de que travesti só servia para fazer dublagem, tirar o travesti daquele laguinho dos patinhos que fica um atrás do outro, tudo igualzinho. Fazer a diferença, vomitar o mito.

SPIK [SIC] TUPYNIK (SONNETTO 2)[13]

Rebel without a cause, vomito do mytho
da nova nova nova nova geração,
cuspo no pratto e janto juncto com palmito
o baioque (o forrock, o rockixe), o rockão.
Receito a seita de quem samba e roquenrolla:
Babo, Bob, pop, pipoca, cornflake;
take a cocktail de coco com cocacola,
de whisky e estrychnina make a milkshake.
Tem hybridos morphemas a lingua que fallo,
meio nega-bacchana, chiquita-maluca;
no rollo embananado me embollo, me emballo,
soluço — hic — e desligo — clic — a cuca.

---

13   Poema publicado no jornal *dobrabil*, editado em livro em 1981 e 1982.

Sou luxo, chulo e chic, caçula e cacique.
I am a tupynik, eu fallo em tupynik.

Quando começamos a formular o show, a gente precisava da banheira, mas nós não tínhamos uma banheira. Quem que tem uma banheira? O Sérgio Mamberti tem uma banheira no jardim da casa dele. Lá vou eu pedir pro Sérgio Mamberti a banheira. Ele foi um fofo! A banheira servia pros filhos dele brincarem, ficava no jardim e nos dias de calor eles se refrescavam. A gente pegou a banheira, pichou a banheira, destruímos a banheira do Serginho. *(Risos)*

A gente levava essa banheira para cada lugar... Mas no fim a gente não fez muito show com a banheira, porque era muito difícil de transportar. A gente tinha que levar a banheira, levar o cenário todo. A gente fez uma temporada no Madame Satã. Depois levamos a banheira para o Carbono 14, pro Ácido Plástico e pro Rose Bom Bom. Depois deixamos de usar a banheira e a gente fazia o show só cantando, sem a famosa performance.

O guarda-roupa foi criado pela Isabelle van Oost, que é uma artista plástica belga. Ela comprava as roupas vintage dos brechós e pintava as roupas, criava as pinturas com o estilo dela, ficava incrível. E maquiava a gente também no mesmo estilo da pintura das roupas, e o cenário, que era do Osvaldo Gabrieli, do grupo XPTO, acompanhava.

A preparação era uma loucura, ficávamos horas colocando coisas e misturando aquilo que era para simbolizar o sangue. As roupas, a maquiagem, o cenário, tudo tinha uma ligação. Foi bem bacana. O show teve um impacto muito grande.

Nessa mesma época, fizeram uma matéria comigo para a revista *Interview*. Eu posei para um fotógrafo holandês. Ele me fotografou nua e depois fotografou a Isabelle nua e fez uma montagem, como se eu fosse um fantasma meu mesmo, com pinto e a outra com a xoxota.

O Vômito do Mito causou uma ruptura no meio gay e artístico. Entre as travestis, existe um antes e um depois disso tudo. Essa coisa que veio também com as drags, mas as drags também não fazem parte disso, é um outro universo. Mas essa coisa das travestis, que são mais alternativas... Foi como se eu tivesse criado uma escola. Aí vieram Charlotte Maluf, Marcelona, apareceu um outro tipo de atitude de travestis.

Acho que se criou uma aura, um mito, em torno dessa personagem Claudia Wonder no rock dos anos 80. Porque não era uma coisa para a massa. A minha plateia era bem seleta, tinha intelectuais, jovens antenados e artistas. Era uma contestação. Eu era muito maldita pra ser aceita, para ser uma coisa comercial. Então ficava restrita a esse tipo de público, e esse tipo de público era de formadores de opinião que fizeram essa "fama". Eu acho bacana porque persiste até hoje. Eu me considero literalmente uma ilustre desconhecida, porque muita gente ouve falar de mim, é uma coisa de lenda, de história, mas não me conhece pessoalmente. Eu não apareço na televisão, não apareço muito na mídia... Agora é um pouco diferente, mas nessa época eu fui *darling* da imprensa cultural de São Paulo e do Rio, mas não a *Caras* nem a *Contigo*! Quem saía nessas revistas eram a Valéria e a Rogéria.

Hoje em dia mudou, claro. Inclusive eu não tenho modéstia nenhuma de dizer que eu trabalhei muito e consegui furar esse esquema na própria imprensa, a respeito das travestis e de gays em geral. Porque antes o gay só aparecia como o homossexual, a palavra "homossexual" só aparecia nas páginas policiais. Você pode ver que o João Silvério Trevisan, um grande escritor, sempre foi boicotado aqui no Brasil por ser um homossexual assumido e no entanto ele escreve maravilhas...

ESPAÇO
ALQUIMIA
20/03/88

ABERTURA

BATGIRL

GETZ AU LETZ

LOBO S.O.S.

BALEIAS

ULTIMO TREM

SILVIO SANTOS

BOY

PROBLEMA

AMOR

GLAUCO MAFIOSO

LOU REED

CLAUDIA
WONDER
IN
CONCERT

VIII.
MEU AMIGO
Claudia 110

ANTENA
Caio Fernando Abreu

Meu amigo Claudia

Maravilha, prodígio, espanto: no palco e na vida, meu amigo Claudia é bem assim.

Meu amigo Claudia é uma das pessoas mais dignas que conheço. E aqui preciso *deter-me* um pouco para explicar o que significa, para mim, "digno" ou "dignidade". Nem é tão complicado: dignidade acontece quando se é inteiro. Mas que quer dizer ser "inteiro"? Talvez: quando se faz exatamente o que se quer fazer, do jeito que se quer fazer - da melhor maneira possível. A opinião alheia, então, torna-se detalhe desimportante. O que pode resultar — e geralmente resulta mesmo — numa enorme solidão. Dignidade é quando a solidão de ser você mesmo é tão exatamente quanto você escolheu ser, tão exatamente quanto o que você escolheu ser, tão exatamente que o difícil mesmo é não ter escolhido a falsa alto-satisfação de ser quem não se é, apenas para não sofrer a solidão maravilha dos outros.

Bem, assim é meu amigo Claudia. Eu não o conheço pessoalmente. Ou melhor: conheço do palco, onde Claudia enlouquece, cantando, falando e mostrando-se de uma maneira tão atrevidamente escancarada. Quebra linda, linda. Só conversamos face a face, pela primeira vez, há três semanas. Parece não ter nada que ver, mas tem tudo: os sobres Marina, Marina Lima. Há três anos, no Rio, conheci Sérgio Leu, que atualmente dirige Marina. Éramos amigos de tais os ferrolhos da vida. I Ana Cristina Cesar, e lá através dela que começamos a amarnos. Mas isso é outra história, que tinha... (texto ilegível) ... Sérgio me convidou para sair com ele, Marina, Antonio Cícero e outros pertinho. Lógico que iria. É a oitava também Cláudia, que não de uma mesa enorme. Não havia lugar para todo mundo. Sentamos numa mesa pequena. Pouco depois, Cláudia veio sentar-se conosco, porque havia um senhor ou outra mesa — um senhor poderoso — que não queria de agradar Cláudia. Compomos-nos conversar.

Acabamos no Madame Satã, onde tomou um porre, felizmente, existiam senhores com aquele, aprendo pessoas como Cláudia. Por não existiam interferências, esse no mundo particular do Satã [of que] Cláudia e eu, naquela noite, nos tornamos amigos.

Para aquele senhor, e para a maioria de todos os outros senhores do mundo, a presença de Cláudia deve representar a supressa transgressão, a mais perigosa das ameaças. Tanto que andam matando pessoas como Claudia, na noite negra e pequena de Sempi. E que meu amigo Claudia incorpora, no cotidiano, o mais desenlichodos aos arrefepinhados: ele tem siclS assertivo-se a tempo todo naquela fronteira indecifrável entre o "macho" e a "fêmea". Isso numa sociedade em que principalmente o genital é que determina o papel que você vai assumir. Porque se você é homem, você tem de fazer isso e isso e isso — não aquilo. E se você é mulher, deve fazer aquilo e aquilo e aquilo — não isso.

Movendo-se entre isso e aquilo, meu amigo Claudia conquista o direito ser-transcendente de fazer isso e também aquilo. Mas perde o direito extremo derivado de fazer nem isso nem aquilo. Tornamos vida a fazê-lo, na madrugada, fatando da solidão, esta grande amiga em comum de todos nós. Trocamos telefones, nos encontramos outra vez. Gosto tanto de teus olhos muito abertos, atentos a tudo, tentam-plendo diretamente o mais de dentro de cada um.

Agora você sai já. Hoje, às 23h, Claudia apresenta-se no Teatro do Beixga. Se você quiser, também pode conhecer meu amigo Claudia. A presidente. (Lin ela —que importa, afinal, até e eu o ou o no artigo ao promove que precede o nome de uma pessoa?) "autobióticos" se como o sobrenome Wonder. Que em inglês, você sabe, quer dizer "milagre", ou "prodígio", ou ainda "maravilha", "surpresa", "espanto". Todas essas sensações são justamente as que meu amigo Claudia Wonder provoca, no palco e na vida. E por tudo isso me sinto muito orgulhoso de ser seu amigo.

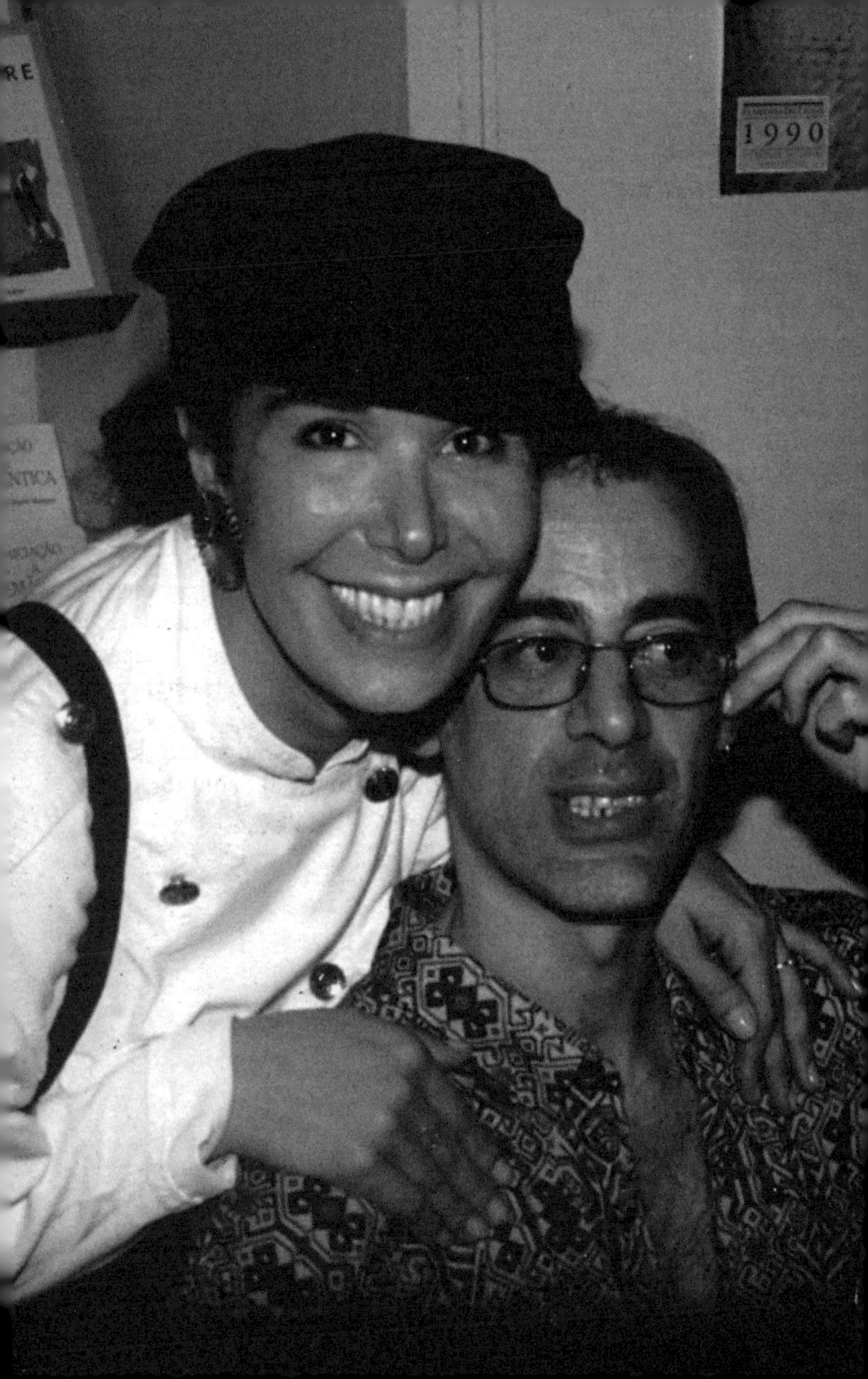
1990

Falar do Caio é a mesma coisa que falar de um pai ou de um irmão. O Caio foi o grande incentivador, uma espécie de motor da minha carreira. A crônica que ele fez, "Meu amigo Claudia", deu um up muito grande na minha carreira. As pessoas realmente passaram a me ver com outros olhos. E não só isso, não só a minha carreira como também a problemática do preconceito contra as travestis. O que ele escreve na crônica é uma coisa muito séria. Foi a primeira vez que escreveram a esse respeito, a primeira vez que levantaram essa bandeira.

A crônica "Meu amigo Claudia", o Caio Fernando Abreu escreveu no dia que eu estreei o show da banheira no Teatro do Bixiga, em junho de 86.

Uma coisa muito interessante aconteceu recentemente quando eu encontrei o Ronaldo Pamplona, psiquiatra que era o analista do Caio. Eu o encontrei num seminário sobre sexualidade. Ele me abraçou e começou a chorar. Eu não entendi por que ele estava chorando. Ele me abraçou, chorou, chorou. E falou: "O Caio te amava muito. Eu era o analista do Caio e você pode estar certa de que ele te amava muito".

Eu o sinto sempre presente, eu tenho certeza de que ele está aqui nesta hora e ele deve estar aqui torcendo por mim.

MEU AMIGO CLAUDIA

Maravilha, prodígio, espanto: no palco e na vida, meu amigo Claudia é bem assim.

Meu amigo Claudia é uma das pessoas mais dignas que conheço. E aqui preciso deter-me um pouco para explicar o que significa, para mim, "digno" ou "dignidade". Nem é tão complicado: dignidade acontece quando se é inteiro. Mas o que quer dizer ser "inteiro"? Talvez, quando se faz exatamente o que se quer fazer, do jeito que se quer fazer, da melhor maneira possível. A opinião alheia, então, torna-se detalhe desimportante. O que pode resultar — e geralmente resulta mesmo — numa enorme solidão. Dignidade é quando a solidão de ter escolhido ser, tão exatamente quanto possível, aquilo que se é dói muito menos do que ter escolhido a falsa não solidão de ser o que não se é, apenas para não sofrer a rejeição tristíssima dos outros.

Bem, assim é meu amigo Claudia. Eu não o/a conhecia pessoalmente. Ou melhor: conhecia do palco, onde Claudia enlouquece cantando, falando e mostrando-se de uma maneira tão atrevidamente escancarada que fica linda, lindo. Só conversamos face a face, pela primeira vez, há três semanas. Parece não ter nada que ver, mas tem tudo: eu adoro Marina Lima. Há três anos, no Rio, conheci Sergio Luz, que atualmente dirige Marina. Éramos amigos de (Ah! Os bordados da vida...) Ana Cristina César, e foi através dela que cruzamos caminhos. Mas isso é outra história. Ou nem tanto. Há três semanas, Sergio me convidou para jantar com ele, Marina, Antonio Cicero e outras pessoas. Lógico que fui. E lá estava também Claudia, no meio de uma mesa enorme. Não havia lugar para todo mundo. Sentamos numa mesa próxima. Pouco depois, Claudia veio sentar-se conosco, porque havia um senhor na outra mesa — um senhor poderoso — que não parava de agredir Claudia. Começamos a conversar. Acabamos no Madame Satã, onde raramente ou nunca, felizmente, existem senhores como aquele, agredindo pessoas como Claudia. Por não existirem interferências assim no mundo particular do Satã, foi que Claudia e eu, naquela noite, nos tornamos amigos.

Para aquele senhor, e para a maioria de todos os outros senhores do mundo, a presença de Claudia deve representar a suprema transgressão, a mais perigosa das ameaças. Tanto que andam matando pessoas como Claudia, na noite negra e luminosa de Sampa. É que meu amigo Claudia incorporou, no cotidiano, a mais desafiadora das ambiguidades: ela (ou ele?) movimenta-se o tempo todo naquela fronteira sutilíssima entre o "macho" e a "fêmea". Isso em uma sociedade em que principalmente o genital é que determina o papel que você vai assumir. Porque se você é homem, você tem de fazer isso e isso e isso — não aquilo. E se você é mulher, deve fazer aquilo e aquilo e aquilo — não isso.

Movendo-se entre isso e aquilo, meu amigo Claudia conquista o direito interno/subjetivo de fazer isso e também aquilo. Mas perde o direito externo/objetivo de fazer nem isso nem aquilo. Tomamos vodca juntos na madrugada falando de solidão, essa grande amiga em comum de todos nós. Trocamos telefones, nos encontramos outra vez. Gosto tanto de seus olhos muito abertos, atentos a tudo, contemplando diretamente o mais de dentro de cada um.

Agora virei seu fã. Hoje, às 23h, Claudia apresenta-se no Teatro do Bixiga. Se você quiser, também pode conhecer meu amigo Claudia. A propósito, ela (ou ele — que importa, afinal, um "e" ou "o" ou "a" no artigo ou pronome que precede o nome de uma pessoa?) autobatizou-se com o sobrenome Wonder, que em inglês quer dizer "milagre", ou "prodígio", ou ainda "maravilha", "surpresa", "espanto". Todas essas sensações são justamente as que meu amigo Claudia Wonder passa, no palco e na vida. E por tudo isso, me sinto muito orgulhoso de ser seu amigo.

CAIO FERNANDO ABREU

IX.

CAMA—
RADA
Verdade

116

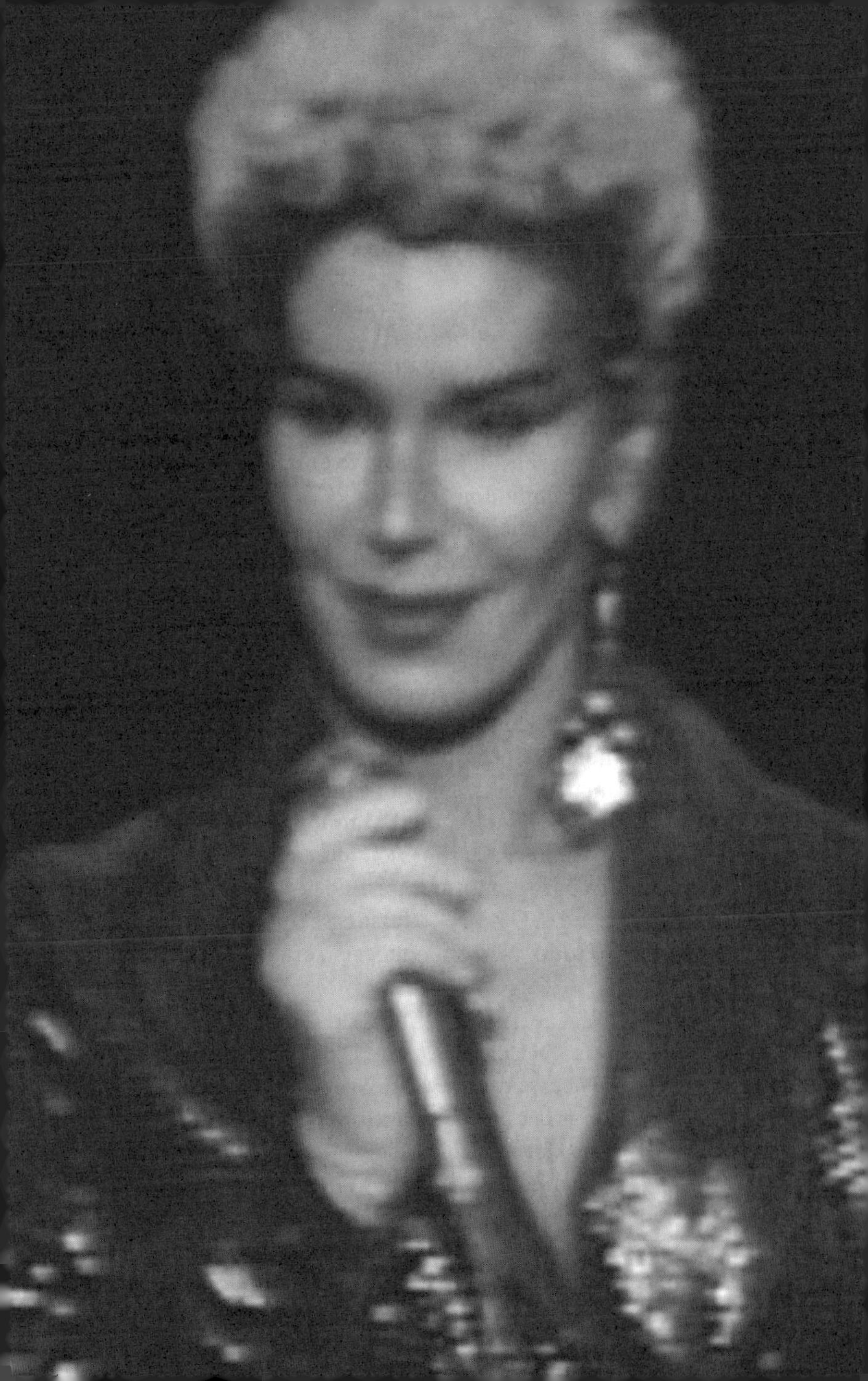

O Zé Celso sempre foi um homem extremamente contestador e procurava se cercar justamente dessas figuras heroicas como a Claudia é, no sentido de tê-las junto e participando da sua obra para evidenciar esse vigor da transgressão.
SÉRGIO MAMBERTI

Conheci o José Celso Martinez Corrêa mais ou menos na época do show da banheira. Ele foi ver meu show no Madame Satã. Depois não lembro se foi ele que me convidou para ir ao teatro, ou se foi o Beto Roquenzel que me apresentou pra ele lá no Oficina... Acho que foi ele que me convidou.

Na sequência entrei no Teatro Oficina e fiquei quatro anos. O primeiro espetáculo em que atuei foi *Acords*, de Bertolt Brecht. O Teatro Oficina estava naquela fase em que o Silvio Santos queria comprar o terreno, para fazer a desapropriação do teatro. Até hoje ainda tem esse problema,[14] mas ainda não tinha o teatro como é hoje. Enfim, era só um terreno, onde a gente fazia performances, eventos, e chamava a mídia.

Uma vez nós fizemos uma intervenção na Secretaria de Cultura de São Paulo. Foi todo mundo lá do teatro. Na performance, eu representava a mãe do Zé, dando o dinheiro para comprar o terreno para os advogados do Silvio Santos. O Zé Celso fazia esse tipo de performance o tempo todo. Não era uma peça, era um happening.

---

14   O caso foi judicialmente decidido em 2024. Após anos de reuniões entre José Celso Martinez Corrêa e Silvio Santos, em que procuravam resolver o impasse do terreno, o espaço foi enfim tombado e não se tornou um centro comercial, conforme cobiçava Silvio Santos. Zé Celso, que idealizava ali um parque e um centro cultural, morreu em 2023, sem poder ver seu sonho concretizado.

> *Minha mãe era uma senhora de formação absolutamente católica, absolutamente espanhola, o oposto da Claudia. Além de atuar como minha mãe, ela atuou com a força dela, e logo depois nós estávamos fazendo a festa de desapropriação, que o governador assinou o documento da desapropriação. Porque houve uma grande repercussão desse evento.*
> JOSÉ CELSO MARTINEZ CORRÊA

Foi quando surgiu a oportunidade de participar da leitura de *O homem e o cavalo*, do Oswald de Andrade. Foi uma maravilha! Foram dois meses de ensaio, com um grandíssimo elenco, só estrelas, como Raul Cortez, Célia Helena, um monte de gente bacana, Paulo Vilaça, e eu entrei para substituir a Sônia Braga.

Quando o Zé me chamou, lembro que ele falou: "Olha, eu gostaria que você fizesse a Camarada Verdade, porque você é uma atriz que trabalha muito com a verdade. Eu queria que fosse a Sônia Braga que fizesse, mas ela está em Nova York filmando e não podia fazer". Aí eu meio que entrei para substituir a Sônia Braga. Precisa dizer que eu fiquei toda, toda?! Foi aí que eu fiz a Camarada Verdade.

> *O homem e o cavalo foi a grande peça inédita, que tinha sido censurada, se não me engano na década de 30, e nunca tinha sido encenada. Então fizemos uma semiencenação, que eu acho que de uma certa maneira marcou o retorno do Zé Celso depois de seu exílio cultural.*
> SÉRGIO MAMBERTI

Tinha uma cena em que eu contracenava com os dois grandes atores, o Dionísio Azevedo, que fazia o papa, e o Raul Cortez, que fazia o general. E eu fazia a Estrela D'Alva, que invade a nave. Ela invade a nave onde estava toda a elite. Eu chego e encoxo o papa, enrabo o papa e pego no pau do general. E o Zé falava: "Vai, vai, vai,

vai, vai". Eu lembro do Raul Cortez vestido de general: "Pega mais, pega mais". E eu, meio tímida.

Era uma loucura, os anos 80 foram bem efervescentes com essa coisa de performance, de happening, de expressão artística. Também teve um cavalo em cena. Nossa, era um elenco muito grande. Só o coro tinha umas sessenta pessoas.

Nessa época todo mundo que me chamava para performar queria que eu ficasse nua. Tudo que eu ia fazer tinha que ficar nua diante de mais de 2 mil pessoas, não foi fácil, não. Mas, como eu estava protegida pela personagem, não foi muito difícil. E com a direção do Zé eu fiquei à vontade. No espetáculo todo mundo ficava pelado, já tinha um monte de gente pelada em cena. Mas foi só uma leitura.

> *A defesa da espécie e da humanidade pobre, que habita o planeta milionário. Fui à geografia de Ptolomeu e à geometria de Osíris. No meu caminho tortuoso, um sobrado dialético, fui sempre a certeza dos que trabalham, fui a voz dos profetas bíblicos, que mandaram arrasar com a Babilônia capitalista. Morei nas catacumbas... Hoje, hoje eu sou a ciência social do Balzac. E a física de Einstein.*
> CLAUDIA WONDER EM *O HOMEM E O CAVALO*,
> EM APRESENTAÇÃO NO TEATRO SÉRGIO CARDOSO

Depois dessa performance, dessa leitura, eu fiz várias outras intervenções teatrais com o Zé Celso, em lugares públicos, na rua. Enfim, depois eu continuei a fazer teatro. Continuei a fazer o espetáculo *Erótica, tudo pelo sensual*, com um elenco grande, Grace Gianoukas, Christiane Tricerri... Depois participei do Grupo XPTO, eram vários artistas com textos e performances voltadas para o erotismo. Fizemos um show/peça que o Caio Fernando Abreu adaptou de um conto dele pra eu dizer, que era "O pequeno monstro".

Claudia Wonder não foi, Claudia Wonder é a história dessa cidade ainda. Eu já de cara penso nela como uma das grandes mestras da universidade antropofágica que sonho em fazer aqui nos arredores do teatro. Ela fez o papel numa encenação muito importante de O homem e o cavalo, *do Oswald de Andrade, uma das peças mais tabus que existem. A Camarada Verdade era uma mulher, um homem, o que era? Era a ambiguidade.*
JOSÉ CELSO MARTINEZ CORRÊA

Cláudia Wonder e ruabanda

*****

Ou Ísis

X.

·CABARÉ MINEIRO·11 DE SET.·DOMINGO·20:30

O BRASIL não estava preparado

122

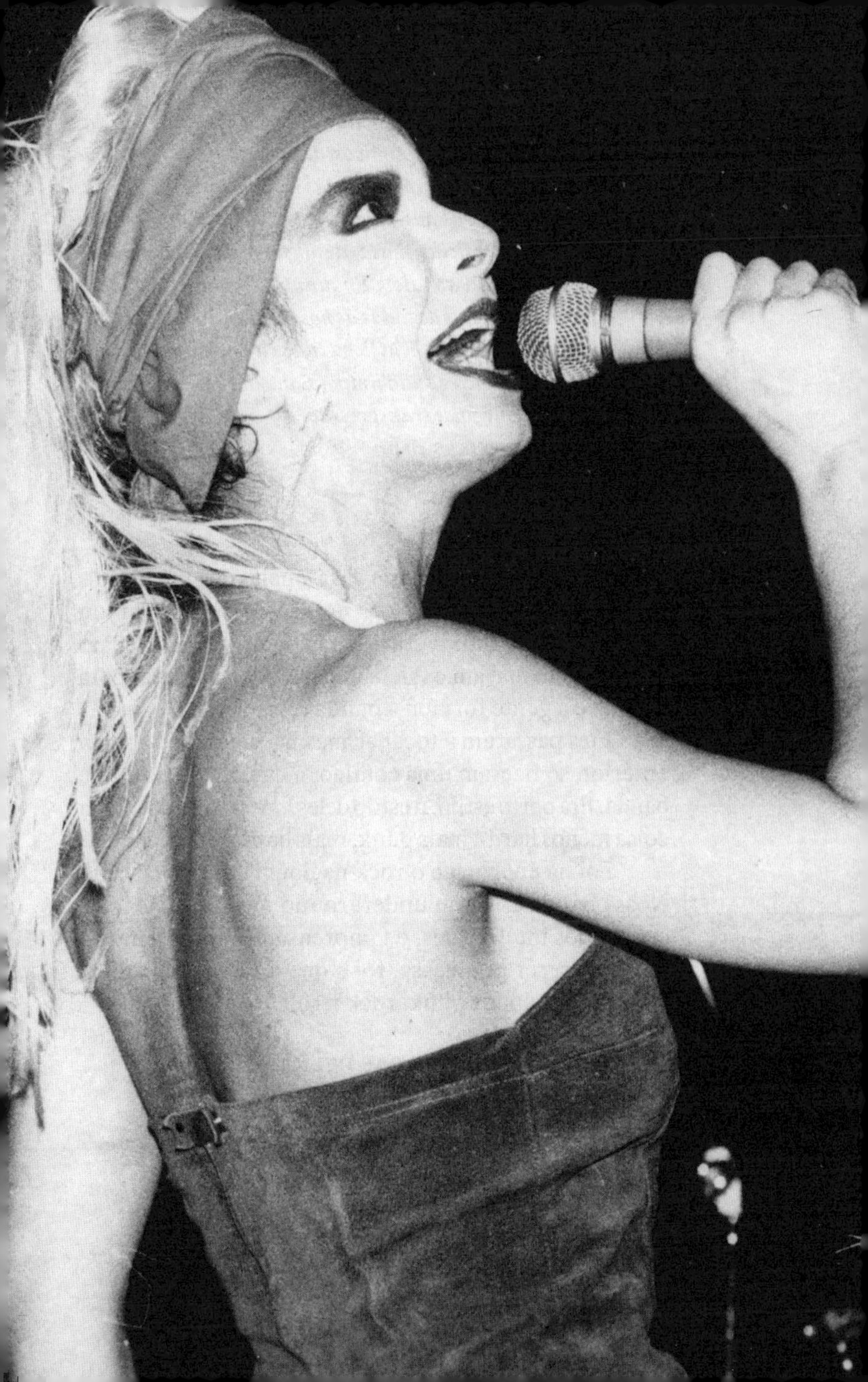

Quando foi chegando na metade dos anos 90 pra frente, estamos todos da geração dos anos 80 envolvidos com as consequências de nossas vidas. Estávamos cuidando das nossas dependências químicas, das nossas dores do coração, dos nossos amigos com aids, das nossas dores das perdas de tantas pessoas que foram, e dos nossos filhos, nossas pensões alimentícias, nossas desilusões de um mercado que não nos aceitava mais... Enquanto a gente cuidava dessas consequências de todas as nossas ousadias, os yuppies tomaram o poder!... E aí ficou tudo clean, tudo cool, tudo com luz dicroica e tudo limpo. E não havia mais espaço pra nada que fosse transgressão.
GRACE GIANOUKAS

Foi com o pessoal do Jardim das Delícias que fiquei mais tempo. Conheci os músicos no Satã: eles tinham um grupo chamado Kafka, era o Abrão [Levin] com o Renato R, aí eles chamaram o Alemão e o Reka para tocar com a gente e a gente formou a banda. Durou quatro anos.

Eles passaram a tocar as mesmas músicas do show anterior, só fizeram uma comigo, a que dava o nome da banda. Era outro estilo, o estilo deles, que passou a ser uma coisa menos hard e mais punk, mais hardcore, entendeu?

Foi na época que o rock nacional eclodiu na cena. Nossa banda era bem underground mesmo, mas fez a cabeça dos intelectuais, da imprensa. Enfim, era muito cabeça pra ser pra massa, foi o que disseram na época. Foi a minha época punk, rock'n'roll.

JARDIM DAS DELÍCIAS

O seu inferno é o destino
No paraíso singular...
Sorrindo, fingindo, misturando as coisas...
Jardim das Delícias... Jardim das Delícias

A gente ensaiava e eu comecei a fazer versões. Eu não sabia inglês, até hoje não sei, só entendo algumas palavras. Eu me viro em viagens, mas falar realmente fluentemente não falo. Naquela época não entendia nada, absolutamente nada, então eu deixava a música tocar e criava uma história em cima daquele som, em cima daquela música. E foi assim o processo de criação da banda. Eles faziam a música e outro dia eu fazia a letra em cima de uma melodia que o Abrão ou que o Renato criasse.

O assunto era amor, política e essa sensação da época, onde a gente não via muito futuro mesmo. Acho que, se eu tivesse uma banda de rock hoje, os assuntos seriam os mesmos. Mudando só um pouco, está tudo um pouco mais violento, está tudo um pouco mais hardcore. Mas a falta de amor, a falta de esperança... Acho que esse niilismo é inerente ao rock'n'roll.

Era underground, mas era tudo profissional. Tinha um lado teatral bem definido. Nós nos apresentamos no Madame Satã, no Rose Bom Bom, no Ácido Plástico. Fizemos um grande show em uma festa de Réveillon ao ar livre na avenida Europa. Nos apresentamos nos estúdios da Vera Cruz para umas 3 mil pessoas, todo mundo vestido de preto. Um bando de punk manifestando para salvar a represa Billings.

A terceira banda foi o Truque Sujo. Foi diferente, tinha outras músicas, tinha mais composições. Eu estava querendo compor também.

MATEM TODAS AS BALEIAS

Matem todas as baleias
Matem todas elas...
Gordas, pachorrentas,
Gordurosas, pegajosas.
E seus filhotes também:
Verdes, horrorosos.
Matem todas as baleias

Que crescem e se avolumam
Nas barrigas abomináveis
Dos burocratas que produzem a Guerra!

Essa coisa do novo foi uma coisa muito intuitiva. Sou do signo de Aquário, né? Às vezes demora um pouco para o público assimilar, entendeu? Eu vou criando porque eu sei que tem um tempo para a digestão.

Ela fez shows memoráveis, e um deles foi num espaço que hoje não existe mais, o Espaço Alquimia. Naquela época eu tinha um gravadorzinho e sempre que podia eu gravava. Eu gravei esse show, dentro de suas limitações. Mas era aquele entusiasmo de fã mesmo, de registro, de valorizar o artista.

ÉZIO FERNANDES

O show de rock foi o que fez Claudia Wonder existir na mídia. A partir desse show eu pude mostrar outras possibilidades. Foi com a banda Truque Sujo que fui convidada para me apresentar no programa *Fábrica do Som*, do Kid Vinil.

O programa do Faustão, *Perdidos na Noite*, foi uma coisa terrível na minha carreira! Ainda eram os músicos do As Novas Flores do Mal. Eles entraram, eu fiquei escondida. O Faustão entrevistou os músicos e eu entrei depois, como sempre entrei no show: primeiro era aquele clima antes da música, eu entrava no meio desse clima e começava a cantar. Só que, quando entrei, o Faustão interrompeu a banda e começou a me entrevistar. Eu comecei a responder e o público não sabia do que se tratava. No meio da entrevista, ele falou: "Mas pera aí, mas você é o Wonder ou a Wonder?". Eu falei: "Depende de como você me vê". Quando eu disse isso, o público começou a me vaiar de uma tal maneira... Foi uma coisa pesadíssima! Imagina isso em 1986? Ele esperava que eu dissesse: "Ah, meu amor, é a Wonder, a maravilhosa! Imagina, eu sou mulher". Só que eu nunca me achei mulher. Então é: "Como você me vê". Se você me vê como o Wonder, tá ótimo! Se você me vê como a Wonder, tudo bem!

Depois que acabamos o Truque Sujo eu dei uma parada, porque no Brasil a minha carreira não andava mais. Eu bati na porta de algumas gravadoras, fui em três grandes. Porque naquela época só tinha as grandes, tinha uma ou duas pequenas: a Baratos Afins, que era mais independente, e a Wop Bop. Ninguém quis gravar o meu disco.

Em uma gravadora, eu falei: "Mas por que você não grava? Enche de adolescente, sabe? Dobra o quarteirão. Tem gente que não entra no show porque não cabe mais ninguém na boate, e todo mundo tá pedindo o disco". O cara da gravadora respondeu: "Tá bom, eu vou gravar o teu disco. Só que o adolescente vai comprar e o pai vai quebrar".

Era um preconceito danado naquela época. Essa coisa de estar "à frente da sua época" nem sempre é bom. E, realmente, eu estive muito à frente do que falavam, o Brasil não estava preparado. Se fosse nos Estados Unidos, na Europa, eu já teria gravado, eu estaria na parada. Mas aqui no Brasil era uma coisa maldita para ser comercial.

A Wop Bop queria gravar. Só que entrou o seu Fernando Collor, com aquele plano maravilhoso que quebrou todo mundo. Eu pensei: "O que que eu vou ficar fazendo aqui no Brasil? Continuar fazendo show com a minha banda pra lá e pra cá?". Todo mundo já tinha visto esse show. Eu já estava enjoada também.

Chega uma hora na sua carreira em que você tem que andar pra frente, você tem que fazer uma coisa nova, superar, fazer uma coisa maior do que você já fez. E a coisa seria gravar um disco, e eu não conseguia ganhar dinheiro. Falei: "Vou pra Europa". Já estava na hora também de eu ter uma segurança maior, financeira e tal, que aqui no Brasil eu não estava conseguindo. Eu era "darling" da imprensa, tinha prestígio, mas e dinheiro? O bolso tem que acompanhar. Por isso fui para a Europa.

No final de 1988, na era Collor, eu fui para a Suíça, fazendo show em cabaré. Mas foi uma experiência bem diferente da primeira vez na Europa. Já fui com contrato de trabalho assinado e com visto carimbado no consulado aqui no Brasil. Fui direito para ficar nove meses trabalhando na Suíça.

Lá, quando você trabalha numa boate, você tem o mesmo direito que um suíço, então não tem essa coisa de trabalho clandestino. Se você ficar doente, você tem direito a hospital. Se você não pode trabalhar, eles cobrem a tua diária. Quer dizer, tudo funciona direitinho. Um pouquinho diferente do Brasil.

Foi nessa época que conheci meu marido, o Claude, trabalhando numa boate. Ele foi assistir ao show, depois me convidou pra tomar um champanhe e pronto. A gente foi jantar num restaurante na beira de um rio lá na Suíça, um restaurante só de peixes, muito gostoso! Foi aí que a gente começou a namorar.

Depois de uns dois anos trabalhando na boate, ele queria que eu ficasse com ele de vez, me propôs ter uma vida mais pacata. Ele trabalhava de dia e ficava muito difícil a gente se ver.

Ele resolveu montar uma clínica de estética e me ofereceu a sociedade. Fui morar com ele e fiquei como *diretriz* da clínica. Ele ficou como minha garantia — porque lá é assim, se um suíço te pega ele fica responsável por você, se você ficar doente ele vai ter que cobrir o hospital. Ficamos seis anos casados, morando junto, e eu cuidando da clínica em Lausanne. Trabalhava de dia e à noite eu era dona de casa. Ele tinha uma companhia de ventilação para túneis e trabalhava muito.

    Eu já tinha aprendido a falar o francês na primeira vez que fui a Paris, em 1979, mas comecei a falar e a ler mesmo com o Claude. Ele é um grande amigo. Ex-marido é pra sempre, se eu precisar de alguma coisa, ele sempre me ajuda, tanto financeiramente quanto emocionalmente. Quando eu tô numa bad trip e preciso de um ouvido, eu ligo pra ele.

XI.

ABAIXO A Violência! PAZ
Queremos Campo de Trabalho.
mas se j vais Queremos
cato: Em Progresso.
República

Liberdade
SEXUAL

130 para todos

LIBERDADE SAÚDE P/C

> *A Claudia podia ter ficado apenas no universo gay, fazendo seus shows... Mas não, ela colocou todo esse espírito de luta na construção do processo democrático, da maneira que um trabalhador, ou um estudante, ou um artista participou.*
> SÉRGIO MAMBERTI

A minha militância mesmo começou sem essa de ser militante ou de estar lutando por algo. Começou mesmo quando eu fiz o show *O Vômito do Mito*. Conversei com o Beto Roquenzel e falei: "Quero fazer um show que diminua o preconceito contra os gays". Começou dessa maneira, não era uma coisa "vamos para a rua", "vamos fazer algo" e tal. Depois teve uma noite em que acabei indo presa, que eu briguei com a polícia na porta do Homo Sapiens, em 1984. Aí a coisa mudou.

Era uma sexta-feira de Carnaval e, como sempre, todo mundo se fantasia e tal. A gente se reunia na frente da boate Homo Sapiens, ali na rua Marquês de Itu. Eu estava com o Hudinilson Jr., um amigo meu que é artista plástico. Estava cheio de gente na rua, um clima gostoso. A polícia chegou e fechou o quarteirão. Um monte de carrão de um lado, um monte de carrão do outro. Fecharam o quarteirão e começaram a prender todo mundo.

Não sei o que me deu. Eu estava toda de branco, com collant branco, uma calça branca, e o Hudinilson Jr. tinha me dado uma rosa vermelha de presente. Eu estava com aquela rosa na mão. Estava aquele silêncio por causa das prisões, então eu gritei, em alto e bom som: "Prender bicha é fácil. Subir o morro e trocar tiro com malandro, ninguém vai". Foi aí que o clima pesou. Eu estava na porta do bar, veio um cara com um revólver na mão. "Quem foi que falou? Quem foi que falou?" Entrou dentro do bar, perguntou, aí lá dentro me deduraram. Quando ele voltou, já agarrou no cós da minha calça, como faz a polícia. "Vamos, que hoje a cobra vai fumar." E me socaram dentro do carrão. Bom, eu fiquei morrendo de medo, né? Eu mesma não entendi a minha ousadia, foi um impulso. Chega uma hora que o teu próprio espírito se revolta com a injustiça.

Aí me levaram para o terceiro distrito. Quando cheguei na porta da delegacia, estou descendo do carrão, vejo um monte de bicha lá, o Leão Lobo, o Hudinilson Jr. e mais um monte de bicha. "É ela, é ela, é ela, é ela." Eles foram lá para livrar minha barra, porque naquele dia, se vacilasse, talvez eu até fosse morta pela polícia. Do jeito que eles eram naquela época, e como eu fui ousada em desafiar a autoridade deles na frente de todo mundo...

Quando entrei, eles me puseram junto com as outras bichas que tinham prendido. Daqui a pouco, "Quem é ela? Quem é ela?". Vem um cara, um carcereiro, me leva pra baixo de novo. Pega a minha carteira de identidade. "Ela é limpa, ela é limpa." E lá está o Leão Lobo com a carteira de jornalista. "Pode ir embora." Ah, aí eu fiquei bocuda. "E o resto do pessoal que está lá em cima? Por que eles estão presos? Vocês vão deixar eles lá presos por quê? O que eles fizeram?" Nisso os meninos me levaram embora.

Era chocante, era uma coisa humilhante, era uma das coisas mais terríveis que eu já vi. O camburão ficava aberto um pouco mais à frente, às vezes era uma perua da Polícia Civil. Aí eles abriam a porta e o cara vinha andando, já vinha com umas algemas, meio disfarçado, e ele pegava como se estivesse pegando um bicho. Era uma caça, mesmo.
LEÃO LOBO

Desde aquela época, na prostituição, os travestis sempre se revoltaram porque a polícia chegava e além de prender, descia o pau. Eles achavam que era gay vestido de mulher fazendo sexo, não sabiam da realidade das travestis. Nessa noite não tinha nenhum outro travesti lá, só tinha gays na porta do Homo Sapiens. Os gays em geral nunca se revoltaram com isso. Nunca levantaram a voz. É o que eu acho. Como a gente foi criado num regime militar, você sempre tem a impressão de que você é que está errado e que eles estão certos. Mas chega uma hora que não dá. Os gays começaram a reagir agora, depois que já aliviou, mas muita gente levou tapa na cara, que nem eu, pra poder chegar no que está hoje.

A repressão era uma coisa muito infundada. Não era proibido ser homossexual no Brasil, não era proibido você ser gay, mas mesmo assim eles reprimiam, eles prendiam e, se houvesse uma aglomeração de gays, eles pegavam os gays, botavam no carrão, levavam pra delegacia e só soltavam de manhã. A repressão é fundada no preconceito, porque não tem um motivo real. Qual é o mal que um gay faz de existir? Nenhum, pra ninguém.

Não sei quanto tempo depois do que aconteceu no Homo Sapiens teve uma grande festa antes de a boate Medieval fechar. Era a última festa da Broadway, a noite da Broadway na Medieval era memorável! O povo ficava lá igual ao baile gay no Carnaval. A própria polícia fechava o quarteirão da rua Augusta, da esquina da Paulista até aquela primeira rua, que é onde ficava a Medieval. A boate era gay, mas não eram só os gays que frequentavam, o povo ia assistir. Uma vez a Wilza Carla chegou em cima de um elefante pintado de rosa. Era assim. A entrada era sensacional, todo mundo ficava esperando.

Nessa última festa, estava fechado o quarteirão, eu entrei e peguei um drink dentro da boate, saí para ver a entrada e fui para o outro lado da rua. Estou tomando meu drink, toda punk. De repente, pelas costas, *pá*, me derrubam no chão e eu caio de joelho. Aí me levantam pelo cabelo. Eu estava com uma peruca e eles arrancam a minha peruca, ao mesmo tempo me pegam e me algemam... Era a polícia.

Tenho até hoje uma cicatriz aqui no joelho. Me levaram presa para o 4º Distrito e eu não sabia o que estava acontecendo comigo. Desta vez não teve chororô, não. Meu amigo Zupa, mais uma garota, foram lá tentar me tirar, mas não, só me soltaram de manhã. Acredito que tenha saído no jornal, "o famoso travesti Claudia Wonder blá blá blá...".

Até hoje acho que foi uma represália pelo que aconteceu antes lá na porta do Homo Sapiens. Fiquei pensando nisso porque só eu fui presa. Como se fosse servir de exemplo, pra baixar minha bola. A primeira coisa que o Zupa me disse: "Imagina! Isso daí foi merchandising pra você, porque as bichas todas ficaram revoltadas a teu favor".

Era a época da abertura política, mas na teoria, né? Foi um longo processo! Tinha muita repressão... Tivemos que fazer uma reunião com o secretário de Segurança, que na época era o Michel Temer; fui lá com o Darcy Penteado e o Edward MacRae, para pedir para a polícia parar de prender, bater na gente.

Naquela época, havia muita gente que não estava nem um pouco contente com o sistema em geral. A moral burguesa era tão importante para a manutenção da vida como ela era, então vamos atacar a moral burguesa. Era possível contestar politicamente, mas estava sendo possível contestar um pouco mais em termos desses papéis sexuais.
EDWARD MACRAE

A passeata gay que fizemos na época não foi uma passeata gay, foi uma passeata de travestis. Era justamente por causa dessas agressões. Só que os gays não compareceram. Tinha muito pouca gente. Tinha eu, a Cassandra Terra, nós passamos na pensão da Brenda

Lee,[15] que na época era a pensão da Caetana, onde morava um monte de travestis. Falei: "Vamos para a rua". E a Brenda Lee estava com medo, porque todo mundo tinha medo nessa época de ir para a rua fazer protesto. Essa coisa de passeata soava "Nossa, vamos apanhar", era sinônimo de "A gente vai levar borracha".

A Brenda Lee pensou, pensou... Eu falei com ela, ela liberou as meninas, umas cinquenta. Então tinha cinquenta travestis e alguns gays, como o Edward MacRae, tinha uma lésbica, a Chuma, uma escritora feminista... Mais alguns intelectuais, meio por fora, e as travestis no meio segurando a faixa.

A gente improvisou uma faixa branca com um vestido meu de show, que enrolava no corpo todo. Como o Tancredo estava num "morre ou não morre", lá no Hospital do Coração, a gente escreveu saúde para o presidente e liberdade sexual para todos. Fomos eu e a Cassandra na frente, segurando a faixa, e o povo atrás, as travestis sem saber nem por que estavam ali.

Fomos para a Praça da Sé e subimos a Brigadeiro, que era perto de onde ficava a pensão da Brenda Lee. Lá a gente juntou uma turma e continuou. Subimos a Paulista inteira até o Hospital do Coração. Chegamos lá umas seis horas da tarde, e o presidente tinha acabado de morrer. A imprensa estava toda lá. A gente perdeu todo

---

15 Brenda Lee, nascida Cícero Caetano Leonardo (Bodocó, 1948 — São Paulo, 1996), foi uma militante transexual conhecida como "o anjo da guarda das travestis". Em sua casa paulistana, localizada na rua Major Diogo, 779, acolhia e assistia pessoas portadoras do vírus HIV em uma época de recrudescência da violência policial contra essa população. Morreu assassinada pelo motorista quando descobriu que ele falsificou um cheque que ela havia emitido. A missa de corpo presente foi realizada pelo padre Júlio Lancelotti, representando o cardeal Dom Paulo Evaristo Arns, na própria casa de apoio de Brenda.

o impacto porque o presidente tinha acabado de morrer, estava todo mundo triste. E ficaram com raiva da gente! "Esses sátiros, o que vocês estão fazendo aqui?" No outro dia deve ter saído na imprensa uma ou duas linhas, e só isso. Mas foi a primeira expressão de protesto em prol da diversidade sexual.

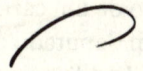

Hoje estou um pouco desiludida. Não quero mais saber de política, estou enjoada demais da política.. O que a gente deve fazer é mudar o mundo à nossa volta. Se cada gay, cada travesti e cada lésbica tentar mudar o mundo à sua volta e se assumir, já é algo. É essa a nossa política.

Na biografia da Pagu, tem um artigo de 1931 que ela escreveu no jornal, ela já falava que as bichas iam crescer. Ela já falava das pintosas, que eram sempre perseguidas, que não precisavam ficar na Leiteria São Paulo com medinhos de baratas. Isso em 1931. Imagina.

Infelizmente nós somos muito carentes e ficamos guerreando uns com os outros, e isso impede a gente de avançar. Por isso que estou desistindo e fazendo a minha política sozinha.

Hoje temos a Parada, que é maravilhosa, uma grande conquista, mas politicamente avança muito pouco. Quando a Parada faz um ato político, as pessoas não comparecem; as pessoas comparecem quando tem o som techno, quando tem as drag queens, quando tem os bofes pelados, quando tem a ferveção... Vem 1 milhão, 2 milhões de pessoas. Mas quando a comunidade é convocada para um ato político sério, para reivindicar alguma coisa, apenas cinquenta pessoas aparecem.

Trazer divisas para a cidade é muito importante. Mas é preciso fazer os políticos reconhecerem essa importância. Tudo bem, o gay traz divisas na Parada, não sei quantos milhões, mas eu quero ver no dia a dia, na segurança, no respeito. Não é verdade? Os políticos, principalmente os paulistanos, têm que ir lá e fazer valer essa grana, esse pink money.

Os políticos que estão no poder, essa gente, os héteros, eles são muito falsos. Eles acham que a gente é idiota. Querem retirar os outdoors do anúncio do beijo gay. Eu vi a declaração de um cara, eu fiquei impressionada, um político, um deputado chamado Apolinário não sei das quantas.[16] Ele disse que daqui a pouco vão colocar um outdoor dizendo: você será o próximo gay. Nossa, que medo que esse cara tem de virar gay. Ele tem uma sexualidade muito mal resolvida. E é assim com a maioria dos homens, eles não sabem o que são, se eles são bi, se eles são hétero.

Na realidade, todos nós somos pansexuais. O ser humano é sexual. Mas fomos criados assim, que homem tem que gostar de mulher e mulher tem que gostar de homem. Bicha não pode gostar de mulher, e essas coisas todas. Acho que o segredo da felicidade para um gay, uma lésbica, uma travesti, é se assumir. Por mais difícil que possa parecer, não é nem 10% do que parece. A liberdade interior é a verdadeira liberdade.

---

[16] Em 2006, cerca de vinte outdoors com a palavra "liberdade" e a imagem de dois homens sem camisa se beijando, uma publicidade de lubrificantes e preservativos, causaram polêmica na capital de São Paulo. Muitas pessoas ficaram impressionadas e surpresas com a homossexualidade evidenciada no anúncio. O vereador conservador Carlos Apolinário (PDT), autor do projeto de lei que institui o dia do orgulho heterossexual na cidade, afirmou que pretendia entregar ao Ministério Público Estadual um ofício reivindicando a retirada dos outdoors pelo "bem dos bons costumes".

Agora, nos anos 2000, eu criei a ONG Flor do Asfalto. Através dela eu fui representar as transexuais lá no Senado, em Brasília, fui convidada para uma solenidade cultural de um projeto de lei em prol da cultura. Mas nunca tive envolvimento direto com a política. Eu era convidada como símbolo, como uma figura que representava a diversidade sexual.

A Flor do Asfalto é um grupo de estudos sobre a identidade de gênero, mulheres masculinas, homens femininos, transgêneros, transexuais e intersexos. Não é só no Brasil, mas no mundo inteiro as sociedades bipolarizam o gênero como masculino e feminino. A androginia não entra, não tem lugar. Mesmo que você seja um homossexual ou lésbica, você tem que ser homem ou mulher; você não pode ser os dois como uma travesti, como uma sapatão, caminhoneira ou efeminado. E todos são pessoas discriminadas, porque não se enquadram no biotipo dominante, que é o homem ou a mulher.

A gente tem feito palestras com psicólogos e com estudiosos sobre essa questão. Pra mim é um mistério esse assunto ainda não ter tido um estudo, não ter sido explanado, explorado. Graças a Deus, comecei a levantar essa questão e muita gente está junto também.

Para um travesti, um transgênero, é muito difícil estar na escola. A escola já é difícil para qualquer criança. Criança é sádica, a gente sabe que criança gosta de maltratar um outro. Agora imagine uma criança diferente... Eu contei para vocês o que eu passei na escola. Imagine quando eu resolvi ir para a escola com delineador, ou levar um sapato de salto e botar na classe, só para assistir à aula com sapatos de mulher. Não tem jeito, a escola passa a ser um ambiente de opressão. Como travesti não tem direito a escola, acaba não tendo direito ao trabalho.

O que ele vai fazer da vida? Nem todo mundo tem talento para ser artista, nem todo mundo tem talento para ser cabeleireiro ou costureiro. Não é?

Tivemos em 2004 um projeto com a prefeitura que foi muito bacana, no Centro Integrado de Educação de Jovens e Adultos (Cieja), justamente de inclusão dos transgêneros nas escolas públicas. Nesse Cieja em que a gente apresentou o projeto tinha uma transgênero, e ela passou a ir vestida de mulher depois do curso de sensibilização para os professores que a gente deu.

No governo da Marta Suplicy, a gente deu um curso de sensibilização para os profissionais da saúde, médicos, enfermeiros, atendentes, enfim, todos os profissionais que trabalham com o atendimento de gays, lésbicas, transexuais e transgêneros. Para eles saberem que o tratamento tem que ser diferenciado. Qualquer um tem preconceito, o médico tem preconceito, então eles precisam saber. Por exemplo, tem ginecologista que, quando examina e descobre que a paciente é uma lésbica, o assunto se encerra. Parece que, por ser lésbica, não tem necessidade de cuidados ginecológicos. Fora o atendimento na portaria com travesti ou com gay... É muito, muito difícil. O mesmo curso foi feito com a Guarda Civil.

Hoje em dia eu sou conselheira da Coordenadoria dos Assuntos da Diversidade Sexual (Cads) da Prefeitura de São Paulo, representando os transexuais. Não, eu não sou uma transexual, sou uma transgênero. Sou intersexo. Sou uma pessoa andrógina. Eu me aceito completamente como eu sou. Eu me dou muito bem com o meu sexo masculino e com a minha alma feminina.

Dentro do meio GLBT[17] existe muito preconceito. O preconceito é uma coisa louca. Imagine uma pessoa que já sofre com isso, que tem a autoestima baixa, e ela sente necessidade de descontar o seu rancor em outra pessoa que também é discriminada. É gay que não gosta de travesti, é travesti que não gosta de sapatão. Transexual que não gosta de ser confundida com travesti. Quer dizer, tudo isso é gerado pela homofobia internalizada de cada um. Hoje em dia muitos gays fazem questão de não dar pinta. Andam de um jeito másculo para serem aceitos. Por exemplo, quando você vê os anúncios de classificados de gente procurando namorado no jornal, os primeiros a serem descartados são os efeminados. Porque no fundo, ninguém quer ser veado, ninguém quer ser sapatão. Sabe como é que é. Quanto mais parecido com hétero, mais você fica assim, bonitinho, limpinho. Uma vez escrevi um artigo chamado "A antropofagia das tribos",[18] porque é um comendo o outro, em uma ciranda. O preconceito mais difícil de quebrar é o consigo mesmo, o autopreconceito, o preconceito espelhado. Você precisa querer muito, você precisa de ajuda, não é assim, do dia para a noite.

A gente está lutando contra um preconceito da própria diferença, sendo que a gente tem que bater nessa tecla mesmo. Eu tenho o direito de ser como eu sou, tenho o direito de ser diferente como eu sou. Por que eu tenho que parecer hétero? Por que é que eu tenho que parecer mulher e não posso parecer uma caminhoneira,

---

17 Nos anos 1980, a sigla era GLS para designar o movimento "gays, lésbicas e simpatizantes". A ordem das palavras da sigla se manteve e foi expandida nos anos 1990, reconhecendo igualmente bissexuais, transgêneros, transexuais e travestis como "GLBT", até se tornar, desde os anos 2000, a forma mais comum da atualidade: LGBTQIA+ (contemplando-se pessoas intersexo) e suplementos derivativos.
18 WONDER, Claudia. *Olhares de Claudia Wonder*. São Paulo: Edições GLS, 2008, p. 163.

um caminhoneiro? Por que é que eu não posso ser travesti? Por que é que eu não posso ser os dois em um, um rádio-gravador? *(Risos)* Pra mim não existe essa coisa, "Ah, travesti não é homem nem mulher". Ao contrário, meu amor: eu sou homem *e* sou mulher.Ora, eu tenho o direito de ser o que eu quiser.

Era difícil para todo mundo e ainda é. Não é porque tem uma Parada com 2 milhões de pessoas na avenida Paulista que a coisa mudou. Não adianta colocar um casal gay na novela bonitinho, bem-sucedido. O pai de família que está assistindo não vai mudar de ideia de repente. Quem tem preconceito vai falar que isso é uma pouca-vergonha da mesma forma. O que precisa é educar, muito mais do que simplesmente dar visibilidade. Tem que começar na família, tem que educar a família, tem que educar os professores. Não adianta botar na televisão, sendo que a criança na escola está sendo chamada de mariquinha ou apanhando. Quantos casos que a gente vê de gays espancados na rua? Então o trabalho ainda é longo.

A gente está vivendo uma época de moralismo, onde as pessoas estão moralizando tudo. Eu sinto isso na pele. Com essa crise toda, com essa repressão sexual, as pessoas ficam reprimidas e descontam no mais fraco, nas minorias.

O programa do João Kléber[19] foi tirado do ar pelo preconceito. Ele pegava umas pobres coitadas que topavam fazer aquele tipo de coisa, não sei nem como cha-

---

19 O programa de pegadinhas, transmitido pela RedeTV! nos padrões do estadunidense *Candid Camera*, durou de 1999 a 2005, quando foi permanentemente retirado do ar pela Justiça. Na ocasião, o apresentador também foi demitido da emissora.

mar isso, e botava bicha apanhando. Ele já tinha sido advertido uma vez, duas vezes, três vezes. E ele era e é muito arrogante! Ele desafiava as bichas e desafiava o movimento. Até que chegou uma hora que o Procurador da República o tirou do ar. Como a RedeTV! não aderiu, tiraram o canal do ar por 24 horas. Aí o patrocinador falou: "Não patrocino mais o programa", porque perdeu uma grana danada. Então não teve jeito, a RedeTV! foi obrigada a produzir vinte programas sobre direitos humanos e passar no horário do programa dele, foi o programa *Direito de Resposta*. Um dos programas foi sobre transgêneros e transexuais, eu participei junto com a Maite Schneider.

Foi uma conquista política dos gays e travestis ter conseguido derrubar um programa. Essa foi uma vitória do movimento GLBT, porque a partir disso os outros canais começaram a respeitar e não tem mais piadinha com bicha. Tem uma ou outra coisa, um pouco mais disfarçados, mas acabou aquela coisa de bicha apanhando na cara na TV. Mas sem dúvida, isso foi uma grande vitória, porque hoje tem muito mais respeito em qualquer programa humorístico, não tem mais chacota com gay, se tem é humor. Porque, veja bem, não precisa ser humor preconceituoso. Você pode fazer humor com o gay de uma forma bacana. Basta você assistir ao *Terça Insana*,[20] lá tem personagens gays que os atores representam com humor fantástico, que não ofende ninguém.

---

20 Projeto humorístico criado por Grace Gianoukas em 2001. A cada temporada contando com um elenco novo, *Terça Insana*, espetáculo satírico e mordaz, foi pioneiro dos espetáculos de stand-up comedy no Brasil e existe até hoje.

Eu me sinto honrada em poder representar pessoas discriminadas. O que eu posso fazer para diminuir o preconceito, eu faço. Depois que eu descobri que nasci intersexo, eu me preocupo com os intersexos. Virou uma coisa pessoal. Eu não sou operada, não sou transexual, mas represento transexuais. Espero representá-las bem. E que elas não venham me bater. *(Risos)*

A maioria das operadas vive na Europa, porque quem opera geralmente quer mudar de vida. Elas operam, fazem nova documentação aqui, chegam lá na Europa, se casam e levam uma vida completamente diferente, fora do gueto. Eu conheço uma que está lá há quase trinta anos, casada com um suíço. Ninguém sabe da vida dela, ela não quer. Ela quer ser mulher, quer ser dona de casa, quer ser confundida com as outras pessoas. Não quer ser uma coisa diferente, uma coisa curiosa.

Vou lá e vou defender: vamos dar hormônio grátis. Vamos ter aplicação de silicone. Essa coisa do silicone é um problema. Tem muita travesti que o silicone desce pelas pernas, fica com a cara inchada de silicone, muitas travestis já morreram porque dá embolia. É muito perigoso mesmo. Hormônio é a mesma coisa: se você não fizer um exame de sangue, não souber da taxa hormonal e ficar tomando hormônios a torto e a direito, você vai ter um problema no fígado, no sistema nervoso... Então é responsabilidade da saúde pública, sim. Afinal de contas, a maquiagem que elas compram, elas estão pagando imposto.

Vamos procurar uma médica especializada, de graça, para deixá-las bonitas, perfeitas, mulheres, para se sentirem bem. O governo já paga o tratamento e a operação; vamos procurar aperfeiçoar essas coisas. Vamos lutar para ter o documento feminino[21] no passaporte, para não passar constrangimento nas duanas. Enfim, o direito de as pessoas serem felizes do jeito que bem quiserem. Se eu puder fazer isso, eu vou fazer.

Nas clínicas, para chegar até a operação são necessários dois anos de tratamento, acompanhamento psicológico, antes e depois. Você vai fazer tratamento hormonal e psicológico, para saber mesmo se você é aquilo que você quer ser, se você quer mesmo transformar seu corpo, seu sexo. E aí o governo paga. Só que há uma incoerência: o governo não dá por lei a documentação. Depois de operada a pessoa tem que lutar na Justiça para ter o direito de ser mulher ou não.

Desde 2003 participo do Orçamento Participativo, primeiro fui delegada, depois fui eleita conselheira, foi quando a gente começou a batalhar pelo Centro de Atenção, que agora vai sair do papel. É um centro de acolhimento e encaminhamento para gays, lésbicas, transexuais e bissexuais. Por exemplo, um adolescente não sabe aonde se dirigir, se ele é mandado embora de casa por ser gay; sabendo que tem um Centro de Atenção, ele vai no Centro de Atenção, igual o Juizado de Menores. Vai ter todo o encaminhamento, tanto de saúde, jurídico, psicológico...

A partir do momento que a gente conseguir trabalhar a autoestima, trabalhar a gente mesmo no nosso interior e depois partir para fora, em grupo de luta, aí sim a gente

---

21   Em 2022, a Lei nº 14.382 alterou o artigo 56 da Lei de Registros Públicos, permitindo que qualquer pessoa com mais de dezoito anos possa requerer ao cartório de registro civil de origem a adequação de sua certidão de nascimento ou casamento à identidade de gênero e ao nome pelos quais a pessoa requerente se reconhece.

pode se considerar ùma força. Enquanto a gente estiver se digladiando entre si, a gente não vai conseguir laços. O discurso tem que ser o mesmo, tem que lutar pela mesma coisa. É que nem a música dos Titãs, todo mundo quer amor, todo mundo quer ser amado, quer ser reconhecido, então todo mundo quer comandar. Esse é o problema.

Como eu disse, meu nome de batismo é Marco Antônio. Descobri que Marco é o guerreiro que vem de Marte e Antônio, o guerreiro da vanguarda, o que vai na frente. Então tem algo aí, do jeito que a minha vida foi caminhando, os caminhos pelos quais ela foi me levando. Quando falam que é coragem... Não sei qual é o sentido da coragem, mesmo. Em várias situações, aconteceu e eu fiz algo naturalmente. Não sinto essa coisa de coragem. E nisso tudo tem um prazer, sabe? "Peraí: eu sou gente, eu existo, nós somos assim e pronto." Me lembro nitidamente de quando entrei de minissaia na Secretaria de Segurança, junto com a Ruth Escobar, para ter pela primeira vez uma reunião contra violência policial aos homossexuais.

Eu faço esses cursos, dou essas palestras, mas estar presente em reunião de militância, não. Essa coisa política eu acho um porre, eu não gosto. Inclusive, acho que ajuda muito pouco, porque é uma ciranda das vaidades entre as lideranças, que acaba num tanto faz. Não evolui, não progride em nada. Então prefiro fazer a minha política escrevendo nas minhas colunas, participando de eventos, fazendo essas palestras e tal. Há pouco tempo fui convidada para a cidade de Bebedouro num congresso sobre cultura, e lá falei para os professores da região sobre diversidade sexual. Acho que eu contribuo dessa forma.

Há uns dois anos eu me entreguei a projetos sociais em prol dos travestis. A gente inaugurou ali na Boca [do Lixo] o Centro de Referência da Diversidade, na rua Major Sertório, e ali a gente fica sabendo de cada coisa... Virou opção de marginal, sabe, cafetinar travesti em troca de moradia. Dependendo da área pode ter um ou dois que não são travestis. Tinha um cara que era o Malhação, era um cara saído da cadeia que começou a atacar — eles brutalizam mesmo, batem na travesti, cortam o cabelo, pra todas ficarem com medo.

Quem aluga uma casa até presta um serviço, digamos assim, porque não está explorando de forma absurda. Hoje até que está mais fácil, mas antes pra um travesti alugar apartamento era muito difícil, ainda mais pra quem é puta na rua.

A travesti que está na rua não é respeitada por ninguém. Eu escrevia pra *G Magazine*,[22] fazendo trabalho de conscientização, falando que é possível ter uma outra forma de vida, mas pra chegar nelas não é através da revista, porque nem todas compram. E tem travesti nova que aparece toda semana morta. Elas têm vida curta, elas morrem cedo, morrem assassinadas. Ninguém fala muito. É como escreveram: "Travesti é vítima dele mesmo". E é verdade.

Um dia fui lá no Hotel Hilton explicar para as pessoas da saúde como lidar com um caso em que aparecesse uma travesti num bairro afastado de São Paulo. Isso eu achei superbacana. Porque na periferia é horrível. A gente mora aqui no bairro dos Jardins, agora vai lá no Jardim Ângela, vai lá na Zona Leste. Não é fácil. Mas agora muitos grupos gays estão se formando por lá.

Uma vez fui barrada no estúdio da Globo, eu fui lá com uma empresária que levava os artistas na TV Mulher. Eu não pude me apresentar no programa, não podia entrar no estúdio. Outra vez fui dar uma palestra para estudantes em uma universidade, na FMB, e fui proibida de entrar. Hoje em dia eu sapateio na PUC. Vou lá porque sou bem-vinda, e toda vez que vou falar com os professores e alunos, eles me convidam para dar um depoimento. As coisas mudaram.

---

22 Claudia foi colunista da *G Magazine* de 2002 a 2008.

XII.

HOMOSSEXUALISMO

Pela primeira vez em sua história, o Ministério da Saúde deverá pronunciar-se, oficialmente, em **Brasília**, favorável ao fim da discriminação contra os homossexuais, defendendo inclusive a atuação do movimento homossexual existente no País, como forma de eliminar ou atenuar os preconceitos da sociedade brasileira. A posição é conseqüência de uma moção aprovada na reunião do ano passado da SBPC, que se manifestou contra leis, códigos e posturas que tratam o homossexualismo de forma anticientífica.

No parecer do Ministério, que será enviado à SBPC, será destacado o fato de que o órgão se orienta por princípios científicos e, portanto, só considera a possibilidade de tratar o problema sob esse enfoque. Ou seja, concordará com a moção tirada na reunião da SBPC.

ETERNA construção 148

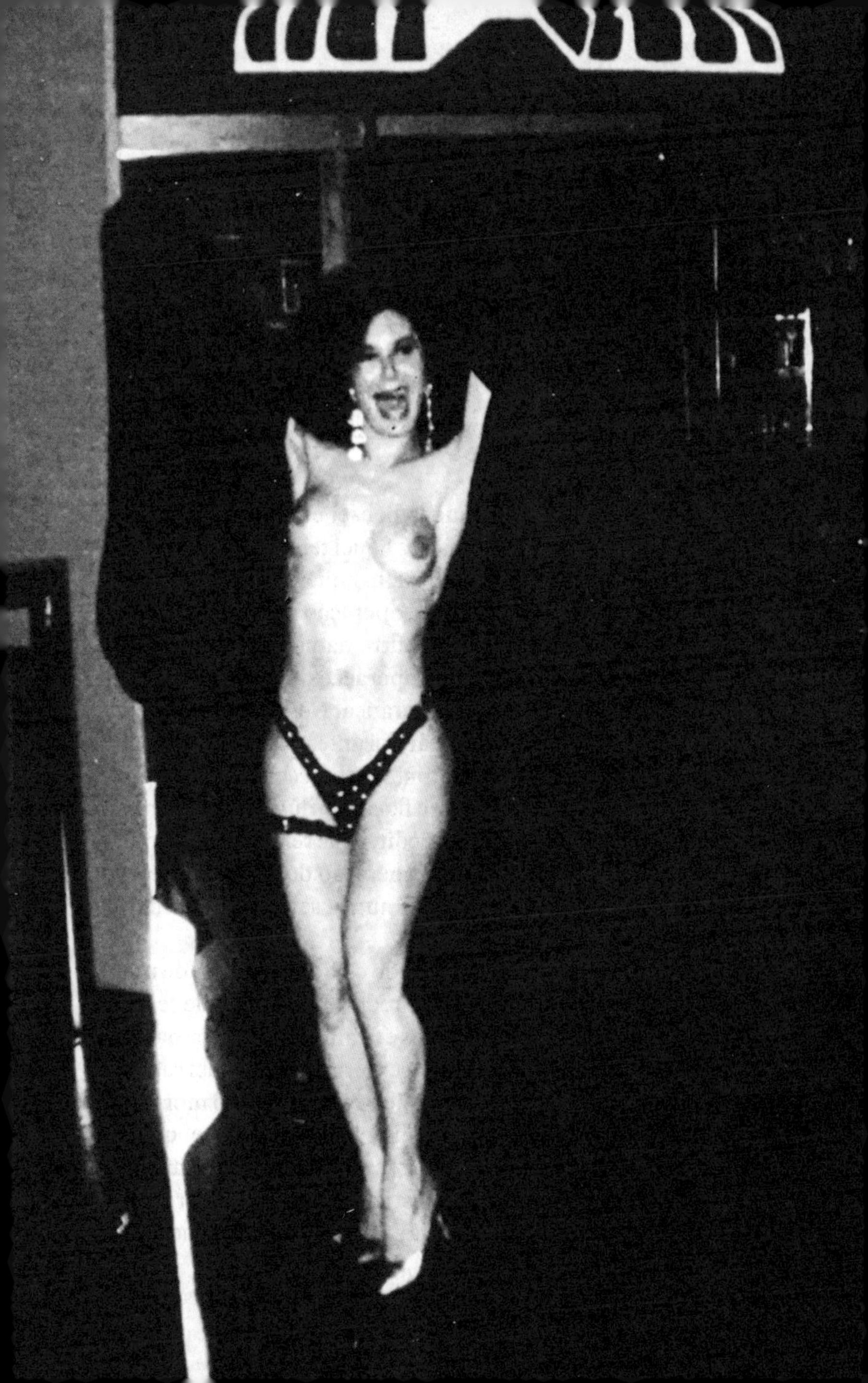

Eu não nasci como mulher, porque eu não sou mulher. Porque eu não tinha que ter nascido como mulher. Eu nasci com o sexo masculino. Mas depois, na minha adolescência, eu fui escolhendo minha identidade. Eu até fico pensando que as mães e os pais, quando estão esperando o bebê... "Se é menino, vamos fazer azul; se é menina, vamos fazer rosa." Não: devia de fazer tudo branco. Aí, quando ele tivesse quinze anos, ele ia decidir a cor dele, se era azul ou cor-de-rosa.
CLAUDIA WONDER EM *DOULEUR D'AMOUR* (1987)

Para não dizer que nunca pensei em fazer mudança de sexo, confesso que uma vez fiquei tentada. O Claude, que foi meu namorado, com quem fiquei casada mais tempo lá na Suíça, queria pagar a operação para eu poder casar com ele. Depois teve um outro namorado também lá na Suíça que queria pagar a operação para eu ficar com ele, para casar, ter direito a herança. Nessa época dois gays ainda não podiam se casar, foi antes da lei da União Civil, do Pacs na Europa. Enfim, no começo dos anos 90....

Nessas duas vezes eu fiquei em dúvida, mas eu nunca quis fazer. Eu sempre acreditei que ser mulher é ser mãe; então, se eu fizesse uma operação de mudança de sexo e não pudesse ser mãe, eu nunca seria uma mulher de verdade, entendeu?

Em 2004 fiquei sabendo de uma história, de um assunto, que é coberto de segredo. É um manto de segredo que existe entre os médicos e a família do recém-nascido: o intersexo. Eu nasci intersexo, mas eu só fiquei sabendo disso depois que minha mãe e minha tia-avó morreram. Depois de muito tempo... Fiquei sabendo que, quando eu nasci, o meu pênis não era desenvolvido, os médicos queriam amputar meu testículo para que eu crescesse como menina. Mas haveria a possibilidade de o meu pênis desenvolver. E foi o que aconteceu, dois meses depois ele brotou e aí, graças a Deus, não parou mais, hoje é um sexo masculino normal. Se tivessem me amputado, hoje eu não seria nada.

Tanto minha mãe quanto meu pai me incentivavam a ficar brincando com o meu pirulito: "para desenvolver", "é para desenvolver", "pega". Eu achava aquilo normal, achava que todo garoto fazia isso para desenvolver, que todo pinto tinha que desenvolver. Eu lembro que queria fazer igual a massinha de modelar, que estica. Agora eu entendo que era por causa disso. A crueldade é tanta, a ignorância é tanta, que eles ainda continuavam pedindo para eu falar que nem homem e andar que nem homem.

Essa questão do intersexo é uma grande questão da atualidade para o movimento GLBT, porque é uma injustiça, uma carnificina que fazem com as crianças. A cada quinhentas crianças que nascem, uma é intersexo. E aí são eles que decidem. Então tem caso de o menino ser amputado, que cresce como menina, quando na realidade é um menino. Existe o caso de costurarem a vagininha da menina só porque ela tinha um clitóris avantajado, e com treze anos de idade ela teve uma hemorragia interna por causa da primeira menstruação. É um horror. Muitos nascem com útero, não é só a aparência, às vezes tem os órgãos internos: o ovário de um lado e um testículo do outro, às vezes. Existe uma variação enorme de intersexo.

Em outras culturas e países, existem até cinco gêneros socialmente definidos. No Ocidente eles só aceitam dois gêneros, a partir do seu sexo biológico. O que não se encaixa nos padrões, eles é que resolvem. Talvez seja por isso que minha mãe me rejeitou — agora eu concluo isso, porque quem me contou isso foi uma tia do interior, numa visita que fiz por acaso no Dia das Mães.

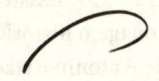

A cultura do travestismo é uma eterna construção, você está sempre construindo, se reconstruindo e em busca de uma identidade. Acho que roubaram a nossa identidade, nós somos um gênero que existe desde que o mundo é mundo e que transformaram isso numa coisa moderna. Não é uma realidade social de prostituição, nem uma realidade do homossexual, nem nada disso. O intersexo, o andrógino existe desde que o mundo é mundo, só que deletaram da sociedade ocidental. No Oriente, em várias aldeias, na Tailândia, na Birmânia, em vários países orientais, isso existe. Na Índia tinha os intersexos, as pessoas que têm os dois sexos têm o seu lugar na sociedade. Aqui, infelizmente, o lugar é na prostituição.

Li histórias de um imperador da Babilônia, Heliogábalo,[23] que era travesti e que perdeu o trono porque tinha quinze anos, era o herdeiro, e queria dar o trono pro seu marido, que era um escravo maravilhoso, por quem ela se apaixonou.

Você lê os livros de Camille Paglia, uma mulher maravilhosa e estudiosa, você vê que o intersexo sempre esteve presente. Os eunucos estão na Bíblia: Mateus 19, versículo 12, ele fala dos eunucos de uma maneira muito bacana e muito positiva.

Quando eu estava com 22 anos, um pouco antes de ir pra Europa pela primeira vez, pensei: "Eu vou realmente me tornar travesti porque eu quero ser amada". Eu não tinha

---

23 Marcus Aurelius Antoninus Heliogabalus, nascido como Varius Avitus Bassianus (c. 203-222), imperador romano que reinou entre 218 e 222. Existem muitas lendas e fantasias sobre o personagem histórico, que serviu de inspiração para textos de Antonin Artaud, Jean Genet e Louis Couperus, entre outros.

seio, mas era muito feminina e afeminada. Então os gays não gostavam de mim e os héteros também não. Eu era aquela coisa andrógina, nem um, nem outro. Eu via que as outras travestis sempre tinham namorados. Realmente deu certo, como travesti eu me sinto amada até hoje. Eu sempre tive namorados, e tive grandes amores. Não posso dizer qual foi o maior amor, porque cada vez que a gente ama, a gente ama diferente. Cada momento é um momento, porque a gente muda. Eu amo da maneira que é o natural da vida. A coisa do amor eterno é um sonho, na minha opinião.

Outro dia duas amigas mulheres riram da minha cara na balada, porque eu virei e falei: "Mas eu acredito no amor!". Eu me senti a Cinderela com as duas irmãs más, sabe? Meu Deus do céu, como que não existe amor? Claro que existe! A vida vive surpreendendo a gente. Por exemplo, eu não queria saber de jovens e só vejo jovens no meu pé. Tô madura demais, aí vem esse moleque do meu lado eu vou ficar parecendo mais velha ainda. Quando eu encontrei o Sandro, meu último namorado, não teve outra: 23 anos mais jovem que eu. Ficamos dois anos juntos num love maravilhoso e somos amigos até hoje. *Voilà*.

> *Às vezes eu me sinto assim, muito homem, muito bravo, quando eu estou de mal com o mundo. Quando eu tô de bem com o mundo, eu fico completamente feminina, boto um vestido justo, todo preto, colado. Mas, se estou de mal... Não dá pra encarar.*
> CLAUDIA WONDER EM *DOULEUR D'AMOUR* (1987)

Já transei com mulher. E, meu amor, a primeira vez que eu transei com mulher foi uma coisa tão incrível, que foi traumático. Porque na primeira vez eu fiz uma filha. A mulher ficou grávida.

Eu estava com dezessete anos, ela era uma garota das baladas e eu sempre fui do jeito que eu fui, só que ainda era um rapazinho e tal. E ela me convidou. Conheci ela na noite, sabe menina que você conhece na boate? Ela disse: "Vamos para o litoral, vamos pra praia". Fui com ela pra praia, passamos o dia na areia. Depois fomos para o chuveiro, aquele chuveiro público. Lá no chuveiro ela entrou comigo, ficou nua e se ofereceu. Eu fiquei curioso e queria saber, "mas como é que é uma xoxota?". Nunca tinha visto, né? Transei com ela. Passou uns dois meses, três meses depois, ela falou que estava grávida e o filho era meu.

Fiquei apavorada e sumi. Na minha cabeça era assim: se você fez um filho em uma mulher, você tinha que casar. Pensei: "Eu sou bicha, vou ter que casar com mulher, e eu nem sei se o filho é meu". Ó, como dizem, "vazei com a corda!". Vários meses depois encontrei de novo com a mulher. Ela já estava com uma barriga enorme. Perguntou se eu queria sair, ir com ela para a boate ou pro motel. Quer dizer, ela gostou mesmo do babado comigo, né? Mas depois eu realizei que ela me escolheu para ser o pai do filho dela, que na realidade é uma menina. Falei: "Não, não, não, motel, não. Motel, não".

Aí o tempo passou, nunca mais eu a vi. Quatro ou cinco anos depois, os travestis todos da época se encontravam num barzinho que tinha ali na esquina da rua Rego Freitas, eu estou lá comendo um lanche, ela aparece. "Ah, era você mesmo que eu queria encontrar." Ela abriu a bolsa, tirou uma foto grande. "Uma menina, sua filha." Aí eu vi que era minha filha porque era igualzinha à minha mãe quando era criança. Loirinha, igualzinha. Fiquei toda empolgada, falei: "Quero conhecer". Ela falou: "Agora é muito tarde". Ela estava acompanhada de um cara que assumiu a menina, registrou no nome dele. E eu me manquei. Eu pensei: "Vou fazer o que agora, a esta altura do campeonato, na vida da garota?". Depois disso, nunca mais eu a vi.

Eu já tive vontade de ir atrás. Lembro quando eu estava morando na Suíça e vi uma menina no trem. Ela me olhou de um jeito e eu pensei: "Poderia ser minha filha". Era uma menina de uns quinze, dezesseis anos.

Foi uma época em que eu queria muito conhecê-la. Da maternidade ou da paternidade que você sente, não sei, o ser humano tem essa necessidade de ter uma continuidade. Depois a curiosidade passou. Hoje eu penso que eu tenho uma filha, mas já foi.

Não foi a única vez que eu transei com mulher. Foram poucas vezes, faz muitos anos que eu não pego uma gata. Mesmo depois que eu coloquei o peito e tudo, eu transei com mulher. Tem muita mulher que gosta da androginia. Não é só homem que gosta, não, mulher também gosta. Eu levo muitas cantadas de mulheres.

SÃO PAULO é o asfalto

XIII.

onde nasce A FLOR 156

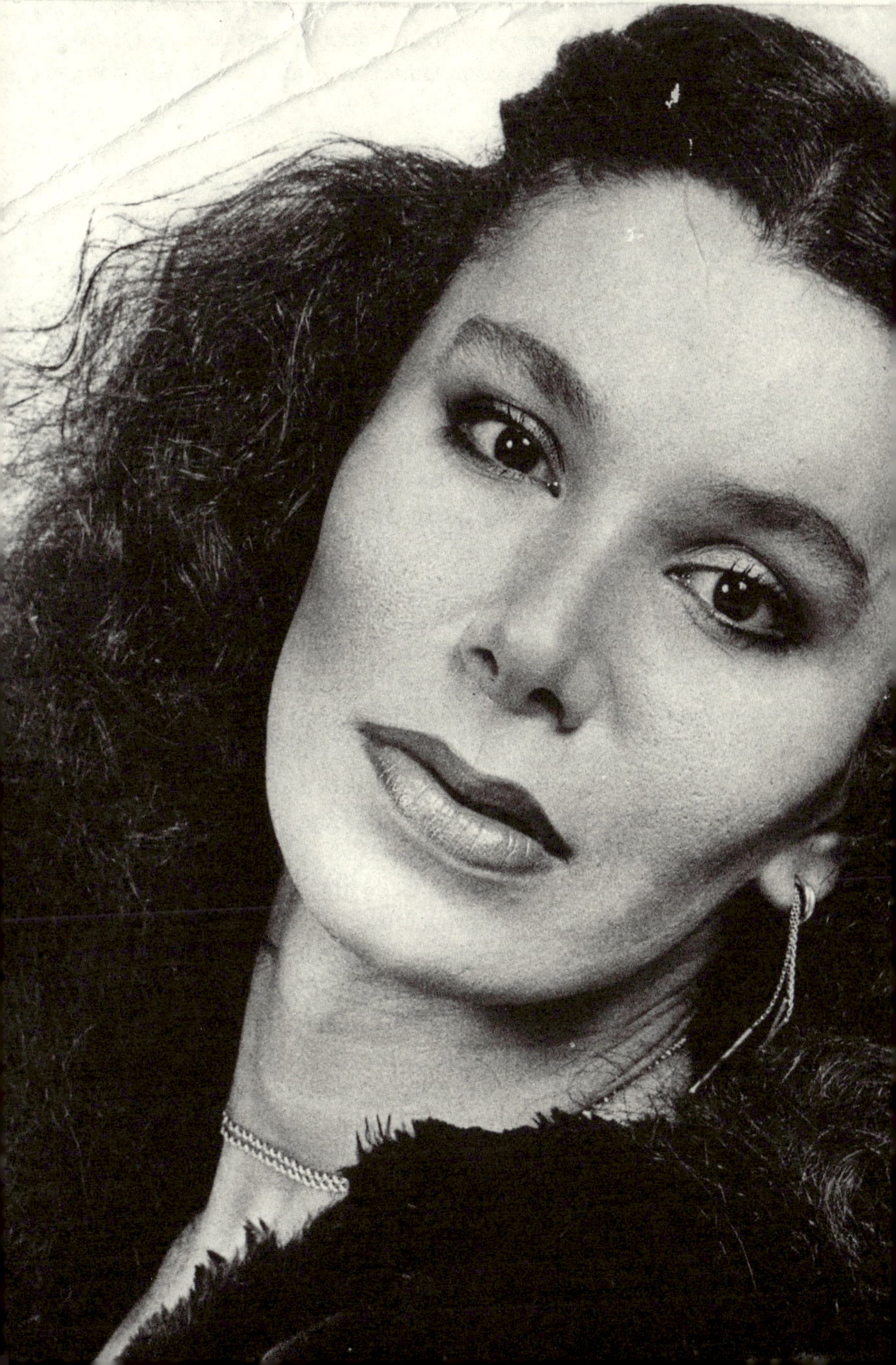

São Paulo é poesia para mim, poesia concreta. Eu tenho um amor por essa terra danada. Eu vejo beleza em tudo. São Paulo é oportunidade, São Paulo é tolerância, é vanguarda, é arte.

CLAUDIA WONDER

Vou contar uma história engraçada para vocês. Quando eu morava na rua Bela Cintra, lá do outro lado da avenida Paulista, um dia estou chegando em casa, mais ou menos onze horas da manhã, e do outro lado da calçada, na frente do prédio, tinha três cavalos com três soldados. Eles não estavam montados, estavam do lado dos cavalos. Vi que um deles estava me olhando. Um meio *bonitón*. Aí, você sabe como é que é uniforme, né?, a gente se derrete toda. Dei aquele sorriso para ele, mas pensei: "Não posso dar muita bola. Tô na porta do prédio, vai pegar mal". Mas eu dei um sorrisinho e ele continuou me olhando.

Entrei no prédio e subi para meu apartamento. Eu sei que ele tinha certeza que eu ia aparecer na janela. E foi o que fiz, apareci na janela. Dei mais um sorrisinho. Fui procurar um cigarro, queria fumar, mas percebi que eu não tinha fósforo, não tinha isqueiro, não tinha nada. "E agora? Vou ter que descer."

Eu desço, passo por eles e finjo que não vi. Passei na padaria e depois fui pro mercado. Quando voltei, percebi alguém atrás de mim, só ouço o "toc toc" do cavalo. No que eu olho para trás, era os três montados nos cavalos e vindo na contramão da rua Bela Cintra.

Um deles falou: "E aí, loira?". Nessa época eu estava bem loira. "Tudo bem? Não vai me dar seu telefone?" Eu travei na hora, quando eu vi aquele soldado e todo mundo da rua me olhando. Imagine, três soldados, um atrás do outro, em cima dos cavalos... E eu, já superconhecida na rua, claro! Assim a gente fica famosa rapidamente.

A travesti que está morando num lugar novo fica logo famosa, todo mundo fica admirado. Os bofes tudo saindo das portarias dos prédios ou da porta do bar para ver o que estava acontecendo. Não falei nada. Não é que eu quis me fazer de difícil, é que eu travei mesmo. Continuei seguindo no caminho de casa e eles atrás de mim, os três. Aliás, parando o trânsito.

Eu não aguentei. Consegui chegar no supermercado. A menina do caixa fala pra mim: "Nossa, que sucesso!". Fiquei com mais vergonha ainda. Quando saí do mercado, pensei que eles tinham ido embora, mas não, eles estavam parados um pouquinho adiante. Eu desci, apressadinha. Os três vieram em cima de novo, os três, e toc, toc, toc, aquele circo na rua. Enquanto eu não dei meu número de telefone pra eles, eles não sossegaram. Eu parei, eu falei: "Tá bom, vou dar o número do telefone". Dei o número de telefone para um deles. Ele desceu do cavalo, marcou, subiu no cavalo e foi embora. Nunca ligou. Bofe, pelo menos podia ter ligado, né? Ficou só na paisagem. Só no circo.

Eu nasci ali no Bosque da Saúde, Jardim da Saúde. Quando voltei da Europa, fui morar na Praça Roosevelt. A Praça Roosevelt ainda era legal, foi antes da decadência. Depois eu mudei pra Bela Cintra, do lado de lá da Paulista, e depois vim pra cá. Quando voltei de Paris a primeira vez, transformada, eu ainda morava com meus pais. Digamos que eu me transformei no bosque: uma fadinha, ou um duende. Não uma borboleta.

Moro aqui no bairro dos Jardins desde 2000. Adoro morar aqui. É um lugar muito gostoso, perto da rua Augusta, perto de tudo, do fuxico, do chique, do popular. Eu já me acostumei com as pessoas, já fiz amizade. Já sou do bairro. É a mona do bairro. *(Risos)* Inclusive faço parte da Associação de Amigos do Bairro.

Para uma travesti, é uma outra realidade morar aqui do que morar num bairro mais afastado. Aqui as pessoas são mais informadas, todo mundo tem TV a cabo, internet, viajam, então estão mais por dentro de outras realidades do que só a visão que o povo tem das travestis. Mas a grande maioria delas geralmente se concentra no centro, porque elas ficam juntas, né? A união faz a força. E o povo já está bem acostumado com elas por lá.

Quando mudei para o bairro dos Jardins, no começo não foi tão fácil. Não com as pessoas que moram aqui, mas com quem vem de fora. As travestis sofrem muito mais em bairros menos favorecidos, onde as pessoas têm menos acesso à informação. Eu tive problemas com seguranças, porteiros de prédio, que me chamaram de "bicha", "Ah, esse veado". Aí eu fiz reclamação, justamente na Associação de Amigos do Bairro. Eu falei: "Se eles não pararem de me ofender, quem vai pagar a conta é quem contrata eles, são as lojas". Aí, meu bem, falou em mexer no bolso... é a melhor arma que tem. Sei que, de uma hora pra outra, mudou o comportamento do segurança. Virei uma senhora, uma senhora dos Jardins.

Hoje não tenho mais problemas. Tanto que sou a síndica do prédio, né? São as pessoas que moram no prédio que votam, mas, como não tinha ninguém que queria se preocupar com isso, eu falei: "Eu me preocupo". No prédio tem bastante artista plástico, tem arquitetos, decoradores... pessoas com cabeça mais aberta. Ou é esse povo mais antenado, ou são senhorinhas judias, aposentadas.

Em 1992, participei da comemoração dos setenta anos da Semana de Arte Moderna de 1922, que foi no Theatro Municipal. Foi no dia do meu aniversário, 15 de fevereiro, e foi um grande presente ter participado dessa comemoração e me apresentado no palco do Theatro Municipal junto com o Zé Celso. Me senti um pouco como a Anita Malfatti. Uma cria de Oswald de Andrade. Tinha uma coisa transgressora na Semana de 1922.

São Paulo é tudo na minha vida, é meu mundo, é minha história. Ela é feita de concreto, andaimes, mas que aos meus olhos se tornam assim, coisa rara, sabe? São Paulo é meu coração, é a minha terra querida. São Paulo é o asfalto onde nasce a flor. São Paulo tem trabalho, oportunidades para todos. Foi aqui que eu nasci, que eu me criei, que a noite é maravilhosa, que as coisas acontecem.

Eu amo o Brasil, outras cidades, adoro sair e passear no Rio de Janeiro. Eu amo, adoro o Rio de Janeiro. Eu chego no Rio e eu já sinto aquele cheiro de anos dourados, sabe? Eu me sinto nos anos 50 sem ter vivido a época. Acho maravilhoso. Vou para o Nordeste e adoro. Amo a praia, adoro aquela natureza exuberante. Mas São Paulo é o meu coração. Os cariocas me perdoem, mas eu sou paulistana até morrer. Uma grande metrópole. É, digamos, uma New York tupiniquim. São Paulo é isso aí. Quem conhece adora!

XIV.
EU TÔ SEMPRE
ligada no novo

Anos 80 perseguem o universo c[...]

[...]ETORNO DE CLUBES COM NOMES QUE MARCARAM A DÉCADA PASSADA E DE PERSONAGENS COMO CLAUDIA WONDER FAZEM HYPE PREMA[...]

162

CLAUDIA WONDER & THE LAPTOP FUNKYDISCO

20/05 — 23:00

Lançamento festa de Lançamento

Meu olho de Diana,
Meu peito de Afrodite
Minha verdade de Atena,
Quem quiser que acredite.

Sou Diva da Dúvida,
Wonder pra você.
A verdade do que sou,
Não está no RG

CLAUDIA WONDER E VALTER NU, "DIVA DA DÚVIDA",
EM *FUNKYDISCOFASHION*

Eu fui pra Europa em 1989 e voltei em 1998, 1999, mas voltei mesmo em 2003. Foi uma ruptura na minha vida profissional aqui no Brasil, na minha carreira. Foram onze anos sem me apresentar, sem aparecer na mídia. Quando eu voltei, quando eu cheguei, era outra coisa, era outra realidade artística da noite, de tudo. A aids tinha matado muita gente que era referência. Eu cheguei e fiquei meio sem referência. Meus amigos, intelectuais, artistas tinham morrido. Então precisei recomeçar. O Orkut facilitou bastante, foi onde eu encontrei bastante gente com que eu tinha perdido contato e que começou a aparecer.

Essa coisa do novo sempre esteve na minha vida. Eu tô sempre ligada no novo, ligada no futuro. Eu pensava: "Eu tenho que voltar para a cena, mas não fazendo o rock que eu fazia nos anos 80. Eu tenho que voltar com uma coisa nova". E eu sonhava em fazer um rock eletrônico com uma nova linguagem, uma outra roupagem, o que só foi acontecer em 2004. Foi uma coisa que eu vinha pensando, pensando, pensando. Eu tinha feito alguns trabalhos com música eletrônica antes, mas realmente o que eu queria fazer só aconteceu quando eu encontrei o Godoy Júnior e o Panais Bouki.

Conheci os meninos por intermédio da Laura Finochiaro. Nós fizemos um trabalho, eu e a Laura, que se chamava Galáxia 3, e chamamos os meninos para fazer a parte eletrônica. Ali já era um princípio do que eu queria fazer, esse tipo electro rock. Aí eu e a Laura terminamos esse trabalho e eu continuei com os meninos. Convidei as meninas do Fulerô o Esquema[24] para fazer o backing vocal, porque elas já eram minhas amigas e eu acredito muito no trabalho delas, e deu certinho assim.

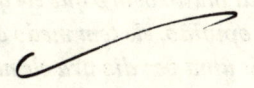

Na época já tinha um monte de referências, como electro rock, electroclash. E a gente fez o disco *FunkyDiscoFashion*, que realmente é tudo aquilo que eu tinha em mente já em 1992, 1993.

Gravei o CD, que está indo muito bem na gravadora, muito bem na crítica, ganhou como revelação da nova música brasileira.[25] Estou me sentindo uma garota que está começando agora. De maneira alguma a empolgação é como foi lá nos anos 80.

Hoje, meu bem, eu estou com uma banda. Não é bem uma banda, é um projeto de música eletrônica: eles fazem as bases eletrônicas e eu ponho a melodia em cima, a letra. Eles fazem a cama musical e eu deitei. Tem uma música de nossa autoria que se chama "Atendimento". A música conta a história de uma puta que não quer atender o cliente. Ela é muito seletiva e o atendimento é bem engraçado.

---

24 Dupla musical formada pelas atrizes Paula Pretta e Adriana Pires.
25 O álbum foi lançado em 2008 e recebeu o prêmio revelação da nova música brasileira no programa Solano Ribeiro e a Nova Música do Brasil, da Rádio Cultura Brasil (AM 1200).

ATENDIMENTO

Alô? É o atendimento.
Quer fazer o atendimento.
Alô? Faço. Faço. Não, isso eu não faço. Não, isso eu não faço.

Vou atender, deixa isso pra lá.
Já falei com esse cara, não quero ficar.
Não entendi muito bem o que ele quer.
Na minha opinião, ele tem medo de mulher.
Então mais uma vez diz pra ele não ligar.
Deixe de insistir, para de amolar.
A coisa que ele quer, não era muito sã.
Diga que eu não estou, só amanhã de manhã, amanhã de manhã...
só amanhã de manhã, amanhã de manhã...
Alô? É o atendimento. Quer fazer o atendimento.
Alô? Faço. Faço. Não, isso eu não faço. Não, isso eu não faço.

⁀

Claudia é um pouco Wonder demais, né? A Claudia é uma luz na G Magazine, *é uma luz na vida da gente. Além de fazer as coisas superbem-feitas, superprofissionais, ela ainda é uma amiga.*
ANAFADIGAS

Eu aprendi que não dá para você desenhar uma carreira. A gente imagina, idealiza uma carreira, mas de repente a vida vai te levando para um lado, te levando para outro... Fui tentar fazer teatro, ter uma carreira teatral. Aí não dava. Você tenta a carreira cinematográfica, aí não rola. Você tem que fazer as coisas conforme elas vão aparecendo. Acabei fazendo filme pornô e foi o que me lançou, me deu um empurrão bacana. Aquilo que poderia ter sido uma coisa ruim, foi uma coisa boa. Aí estou fazendo rock, eu, que devia descer as escadarias do teatro coberta de plumas e paetês; de repente raspa a cabeça e virou uma punk. E isso que me projetou, foi um diferencial na minha carreira. E aí o jornalismo surgiu também. De repente, eu nem sabia que sabia escrever e escrevi um artigo. Primeiro dei uma entrevista, depois respondi a um artigo, depois eu escrevi um artigo e surgiu.

Encontrei com a Ana Fadigas na festa de um amigo em comum, o Ronald de Assunção, que é um publicitário. Conversa vai, conversa vem, surge o assunto: por que você não assina uma coluna na *G Magazine* voltada mais para a coisa transexual, transformista, transgênero, essa coisa toda de troca de papéis? Comecei a escrever e, da coluna, passei a fazer reportagem, fazer entrevista. E foi assim. Também pensei em escrever um livro sobre a minha vida. Memórias, talvez histórias. Muitas histórias.

Eu não sou saudosista de maneira nenhuma. Sou uma pessoa completamente consciente da minha idade. Sei exatamente quem eu sou e a idade que eu tenho. Apenas sou uma pessoa ligada ao contemporâneo. Sou uma pessoa ligada à atualidade. É um erro confundir, pensar que eu queira ser uma pessoa jovem.

Velhice, solidão, eu tenho medo igual a todo mundo. Quem não tem medo da velhice? Quem não tem medo da solidão? Mesmo que você tenha trinta filhos, você tem medo da hora da morte. Você tem medo de ficar com oitenta anos, noventa anos. Qualquer um tem. Deixa chegar, sofrer antes da hora pra quê?

O futuro da Claudia Wonder é aqui e agora. Futuro não existe. O futuro é o aqui e agora. O futuro a gente inventa. Eu tô inventando a cada minuto, a cada dia que passa eu estou inventando, criando o meu futuro.

Novembro/2010 — No dia 26, ao receber a notícia do falecimento de Claudia Wonder, que interpretou poemas seus, ao vivo e em disco, Mattoso, que participara do filme Meu amigo Claudia, *compôs o soneto abaixo.*

DISSONNETTO PARA CLAUDIA WONDER [4015]

Decennio foi aquelle bem anarcho,
bem punk e marginal! Na mixta scena,
foi Claudia these e antithese: era antenna
de generos e genios o seu barco!
Performer? Transformista? Quem foi Marco
Antonio? Um travesti? Teve ella a plena
imagem que se oppõe a quem condemna
o "extranho", e com tal fardo eu tambem arco.
No lado mais selvagem do submundo
urbano Claudia andou, cuspindo o mytho
poetico: o "maldicto", o "vagabundo".
Foi ella Claudia Wonder e bonito
fez ella ante um systema pudibundo.
Si "gente é p'ra brilhar", eu não me ommitto,
embora cego: vejo o que, segundo
Caetano, Claudia expoz... Brilho infinito!

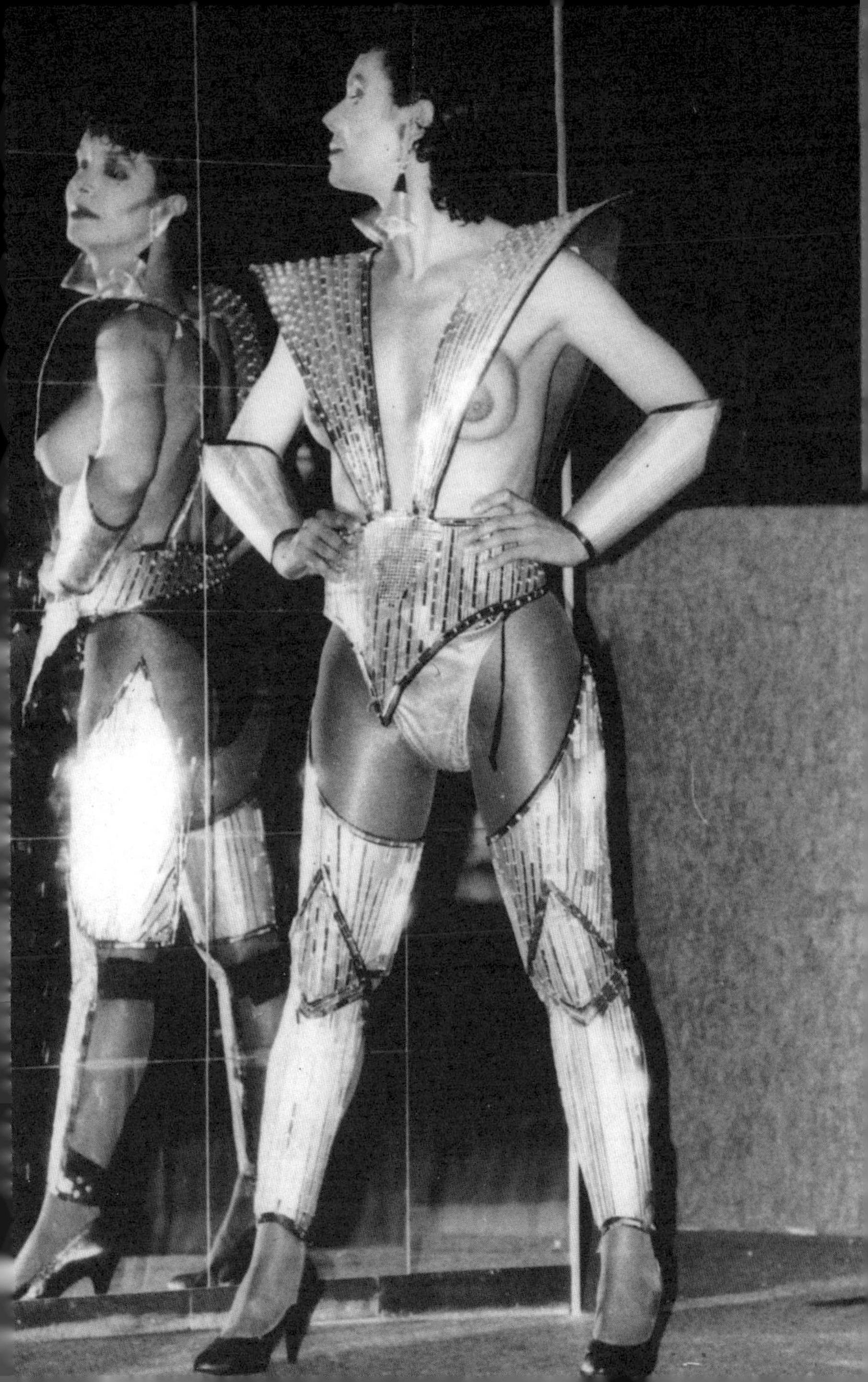

POSFÁCIO

PARA SEMPRE CLAUDIA WONDER

NETO LUCON[1]

---

1   Jornalista formado pela PUC-Campinas e pós-graduado em Jornalismo Literário pela ABJL. Trabalhou em veículos como *Vírgula*, *Yahoo!*, *Caras Online*, *Mix Brasil*, revista *Junior* e *O Estado de S. Paulo*. Atualmente tem um canal no YouTube sobre cultura pop, o *Netuno Pop*.

"Você precisa aprender a caminhar sozinho": essas foram as últimas palavras que escutei da minha amiga Claudia, nove anos depois de nos conhecermos e dois dias antes de ela se despedir do mundo. Claudia Wonder morreu aos 55 anos em 26 de novembro de 2010, vítima de criptococose — uma doença oportunista causada por um fungo encontrado nas fezes de pombo.

Ainda que seu estado de saúde fosse delicado, não cogitávamos a possibilidade de uma despedida. Com sua força e trajetória de luta, Claudia representava um pilar, uma constância que resistia à ideia da finitude. Um mundo sem sua orientação, companhia e atuação na luta pelos direitos LGBTI+ era inconcebível; ela foi uma mentora para mim. Cada instante ao seu lado era marcado por descobertas, aprendizados, discussões acaloradas, pedidos de desculpas, risos e novas discussões.

S.O.S.

Nosso primeiro contato ocorreu em 2001, quando eu tinha 14 anos e estava me descobrindo pertencente à sigla LGBT. Sendo eu do interior de São Paulo, onde a LGBTfobia é estrutural, a falta de contato com outros iguais se somava a um medo pulsante de ser descoberto. Precisei ir a uma cidade vizinha comprar pela primeira vez uma *G Magazine*, na qual Claudia assinava uma coluna. O texto despertou minha atenção.

Em termos gerais, Claudia escrevia que a diversidade era uma das maiores riquezas do mundo, uma expressão natural e legítima da vida, presente em todos os tempos, lugares, povos, culturas e seres. Que era motivo não de medo, mas de orgulho. Independentemente do preconceito e de ataques, nunca deixaremos de existir e resistir, como flores que nascem até no asfalto. Decidi enviar um e-mail em agradecimento. Ela me respondeu logo pela manhã, e tudo mudou.

Naquele momento, eu imaginava estar escrevendo para uma especialista cisgênero que oferecia conselhos. Não sabia que Claudia era cantora, atriz, performer, escritora e militante. Da travestilidade da Claudia eu soube quando passamos a conversar nos extintos Orkut e MSN, logo depois do primeiro e-mail.

Nessa época, revelei minha orientação sexual para a família e amigos e, em meio a agressões, rejeições e tentativas de conversão por meio da igreja e da psiquiatria, Claudia me acolhia, me confortava e, diante de alguma queixa aparentemente trivial, reforçava que, se era complicado para mim, homem gay cisgênero, seria ainda mais difícil se eu fosse uma travesti.

SALTOS

Nos encontramos pessoalmente pela primeira vez em 2006, em seu apartamento na rua Haddock Lobo. A casa dela era lúdica, decorada por um sofá vermelho, uma cadeira dada por Cazuza, Teletubbies, Marilyn Monroe, quadros de pin-ups e uma banheira repleta de ursinhos. Levei de presente um ursinho azul com gravata nas cores do arco-íris e o deixei na banheira em meio aos outros para que ela o encontrasse futuramente.

Eu já estava cursando jornalismo na Pontifícia Universidade Católica de Campinas e era encorajado por Claudia a abordar a temática trans nos trabalhos. Cheguei a fazer um livro-reportagem sobre travestis e transexuais que se inseriram no mercado formal de trabalho, do qual Claudia era uma das cinco personagens centrais, ao lado de uma enfermeira, uma policial, uma pedagoga e uma montadora de celulares. O livro foi alvo de vários boicotes na própria universidade e nunca publicado. Em 2008, as editoras consideravam o tema desinteressante.

Planejamos juntos um site para falar apenas sobre histórias de travestis, mulheres e homens trans que driblaram o preconceito e que se inseriram no mercado formal de trabalho. Afinal, na época, segundo a Associação Nacional de Travestis e Transexuais (Antra), 90% das travestis trabalhavam como profissionais do sexo. Claudia pontuava que a grande questão não era a prostituição em si, desde que fosse uma escolha, e não uma imposição motivada pelo preconceito.

A amizade se estreitou fortemente quando me mudei para São Paulo, em 2009. Acabamos encontrando um no outro a companhia para nossas solidões.

AMIZADE É COMO UMA PLANTINHA

A Claudia que conheci foi a do cotidiano. Não foi a travesti que se jogava nua na banheira de groselha, lembrada pelos frequentadores do Madame Satã nos anos 80. Nem a que investia em dublagens na boate NostroMondo. Tampouco aquela das pornochanchadas, bebidas, shows de rock... Era a Claudia do cotidiano — simples, difícil, mas ainda assim maravilhosa.

Ainda consigo vê-la abrindo a porta do apartamento sorridente e compartilhando as novidades do dia com sua voz grave, rouca e feminina. Na cozinha, ela improvisava uma refeição com o que tivesse na geladeira. Eu me deitava na cama dela enquanto ela se sentava em frente ao computador, lia notícias e respondia e-mails. Passávamos horas em conversas intermináveis e assistindo a novelas, séries e filmes.

Se eu dormia, ela prontamente me expulsava do quarto: "Já terminei um casamento com um homem que roncava, agora vem você com esse ronco de novo? Eu mereço!". Eu me refugiava no sofá vermelho e roncava tranquilamente junto aos Teletubbies. Muitas vezes acordei com ela fazendo dublagens de Carmem Miranda e Divina Valéria.

Muitas vezes brigamos feio. Como no dia em que esqueci o RG, quase não entrei num karaokê e levei um grande sermão homérico da Claudia. Ela justificava a reatividade, dizendo que a sociedade tirava a pele da travesti aos poucos pelo preconceito, deixando tudo em carne viva. E quando alguém olha, interage ou toca, pode doer e machucar, mesmo que a intenção não seja essa. E ela revida para sobreviver.

Em outras, Claudia era um poço de sensibilidade. Se, após um desentendimento, eu ficasse uma semana sem visitá-la, ela me ligava e dizia: "Amizade é como uma plantinha, se você não regar ela morre. Me desculpe pela briga". E, no mesmo, dia, eu já estava em seu apartamento novamente.

MOMENTOS

Quem é, de fato, amigo de uma travesti? Em festas, paradas, grupos de militância é fácil desfilar elogios, tirar fotos, proclamar que não tem preconceito. Mas quem insere uma travesti no âmago de sua vida? Pois era nesse vazio de respostas sinceras, em que muitos relutam em confrontar seus preconceitos internalizados, que Claudia demonstrava uma profunda solidão e desabafava sobre abandono familiar e transfobias.

Ela era constantemente tietada, respeitada, aplaudida e admirada como a diva que realmente era, mas, nos bastidores, confessava viver cercada de "amigos-cometas" — aqueles cuja presença, por mais significativa que já tenha sido, passam.

Quem nos via questionava o tipo de relação que tínhamos — cogitavam que eu era um homem trans, que queria ser uma mulher trans ou que era um *t-lover*, como eram chamados os homens que se interessavam apenas por travestis. Era uma amizade bonita e forte, daquelas que desejamos ter em algum momento da vida. Eu a considerava uma mãe em São Paulo. Mas ela retrucava: "Mãe, não. Irmã, né?".

No meu aniversário de 22 anos, ganhei um presente inesperado de Claudia: um pinguim de pelúcia. Era uma alusão a uma notícia que eu havia comentado com ela, entusiasmado, sobre dois pinguins machos de um zoológico da Alemanha: eles chocaram um ovo abandonado e criaram o filhote como pais adotivos, sendo chamados pela imprensa de "pinguins gays". Naqueles tempos em que compras virtuais não eram comuns, Claudia percorreu várias lojas de São Paulo em busca do pinguim de pelúcia para me surpreender. Na manhã do meu aniversário, entregou o presente sem embrulho, dizendo: "Toma aqui seu pinguim gay", tentando disfarçar a doçura do gesto.

Na Virada Cultural de 2008 presenciei uma situação emblemática. Estávamos no meio da multidão e alguns homens ficavam gritando "Aqui é Corinthians". Não sei qual era o sentido da frase, se era uma provocação ou uma piada interna. Só sei que, no meio disso, um garoto tentou assaltar Claudia. Na visão dele, deveria ser uma senhora frágil e indefesa. Ele puxava a bolsa de um lado, Claudia segurava forte de outro e a situação se transformou em um verdadeiro cabo de guerra. Todos ficaram paralisados e, antes que eu pudesse intervir, Claudia engrossou a voz e, de maneira imponente, gritou: "Sai fora daqui, MOLEQUE! Aqui é TRAVESTI!". O garoto arregalou os olhos e, completamente assustado, soltou a bolsa e saiu correndo. A gente caiu no chão de tanto rir. Ela deixou à sua maneira a mensagem de que travesti não é bagunça.

DESPEDIDA

Claudia começou a dar os primeiros sinais de que não estava bem no final de setembro de 2010. Estava um tanto desanimada, indisposta, e chegou a desmarcar vários encontros.

No dia 10 de outubro de 2010, ela era uma das convidadas do Encontro Nacional da Diversidade Sexual (Enuds), em Campinas, que exibiria o filme *Meu amigo Claudia*, de Dácio Pinheiro. Mais uma vez, em cima da hora, ela não queria sair de casa. Dessa vez insisti para que ela fosse e me prontifiquei a ir de ônibus ao lado dela. Ela topou.

Após a exibição do filme, Claudia ficou diante de uma plateia cheia, repleta de estudantes e ativistas de todas as gerações. Todos estavam interessados em conhecer sua trajetória, faziam perguntas e, no final, a aplaudiram em pé. Claudia estava feliz, sorridente e orgulhosa. Foi uma homenagem bonita, a última aparição pública dela.

Poucos dias depois, recebi a notícia de sua hospitalização. Ela estava internada desde o fim de outubro no Centro de Referência e Treinamento DST/Aids, em São Paulo. Na minha primeira visita, levei uma rosa vermelha, que ela me pediu para colocar em um copo plástico com água.

No hospital, Claudia seguia vaidosa, falante e brigona. Não queria que a vissem doente. Por isso, avisou apenas os primos e poucos amigos. Em uma visita, passava creme nos braços e reclamava dos inchaços provocados pelo tratamento. Em outra, pedia água de coco, iogurte e algumas roupas. Também praticava reiki, procurava o divino e estava com uma lista com nomes a quem pediria desculpas após ter alta e, ao mesmo tempo, me dava bronca por não conseguir ligar a televisão do quarto. Fiquei sabendo que tentou fugir algumas vezes do hospital, alegando ter deixado no apartamento uma cachorra solitária. Essa cachorra nunca existiu.

Segui em visitas praticamente diárias, mas nunca me foi explicado exatamente o que ela tinha ou qual era o nível da gravidade. Diziam apenas que eu não era da família. Certa noite, uma amiga dela me telefonou e disse: "Nossa amiga está nos deixando. Acho que não passa dessa noite". Fiquei apavorado e fui para o hospital aos prantos na mesma hora. Apesar de ser longe do horário de visita, fui autorizado a vê-la. Ela dormia, então preferi não a acordar para que pudesse descansar.

No dia seguinte, milagrosamente Claudia estava bem e uma enfermeira disse que, se ela evoluísse, sairia do hospital em dois dias. Inclusive, já havia planos para ela ficar hospedada na casa de uma amiga e trabalhar futuramente em uma associação. Quando relatei o ocorrido da noite anterior e o medo que senti da possibilidade de perdê-la, Claudia me disse para não ter medo de nada: "O grande culpado de tudo, que atrapalha nossa vida, é o medo". Com um beijo na sua testa e segurando suas mãos, eu disse que voltaria em dois dias para fazer companhia após a alta.

Na manhã de 26 de novembro de 2010, recebo a notícia de que Claudia havia falecido.

CLAUDIA, PRESENTE!

Foi muito difícil caminhar sozinho. Eu ligava às vezes no telefone fixo do apartamento dela só para escutar a mensagem de correio de voz que ela deixou gravada. Outras vezes, eu ia até a frente do prédio onde ela morava e desabava em choro. Adoeci, precisei voltar para o interior durante alguns meses.

O vazio permaneceu durante muito tempo. Mas, nos momentos mais difíceis, passei a ser surpreendido com materiais sobre Claudia. O fã e amigo Elzio Zoyde me deu uma fita-cassete com a gravação de um show dos anos 1980. Outro fã me deu todos os filmes protagonizados pela Claudia. O jornalista Vitor Ângelo confiou a mim duas peças de figurino de shows. Eduardo Moraes me deu um álbum repleto de fotos inéditas. Assim fui conhecendo mais o lado da Claudia atriz, cantora e performer. Claudia continuou presente.

Em 2011 abri um site falando sobre pessoas trans no mercado formal de trabalho, dando seguimento ao nosso antigo projeto. Fizemos a primeira reportagem sobre o desrespeito do ENEM ao nome social, episódios de transfobia não divulgados, além de termos ampliado a voz de homens trans, pessoas intersexo e não binárias num período ainda de total invisibilidade. Falávamos ainda sobre histórias de amor, famílias transafetivas, homens trans grávidos, travestis idosas contando suas histórias. O site existiu até 2017 e recebeu várias premiações da própria comunidade de travestis, mulheres transexuais e homens trans: Prêmio Thelma Lipp 2014, Prêmio Terça Trans 2015 e 2016, Prêmio Mundo T-Girl 2017.

Em 2015, recebi o mais importante e significativo: o Prêmio Claudia Wonder 2015, conferido pela Escola SP de Teatro na Semana da Visibilidade Trans. Naquele dia, ganhei um troféu ao lado da atriz Phedra de Córdoba e da Thais Azevedo, do CRD (Centro de Referência da Diversidade). Tomado pela emoção, perdi a fala várias vezes no palco, mas consegui dedicar o trabalho à Claudia Wonder e à amizade que tivemos.

Neste ano Claudia completaria 70 anos. Ela planejava fazer um CD retroativo com o rock dos anos 1980, cantar bossa nova no estilo Maysa ou até mesmo enveredar pela música eletrônica. Na militância, continuaria na vanguarda da luta contra a LGBTfobia e faria denúncias impactantes dentro do próprio movimento. Não sei como ela lidaria com o avanço da idade e as inevitáveis marcas do tempo. No entanto, se estivesse entre nós, certamente aproveitaria com destreza a onda positiva de visibilidade trans nas artes dos últimos anos.

Aqui, celebramos a vida, a arte e a obra de Claudia Wonder. Honramos o espírito transgressor, combativo, corajoso e artístico que nos inspira e transforma. Que Claudia alcance sempre mais e mais gerações e que seja o lembrete da luta por um mundo mais diverso e justo, onde todos possam viver livremente, gozando da beleza da diversidade e sobretudo de suas versões mais autênticas. Só assim também seremos wonder.

BÔNUS TRACK

A VERDADEIRA HISTÓRIA DO URSINHO MISTERIOSO

CLAUDIA WONDER

Ouça a faixa "Ursinho misterioso", gravada por Claudia Wonder no álbum *FunkyDiscoFashion*, de Claudia Wonder & The Laptop Boys (Lua Music, 2008).

Era uma vez um ursinho que andava sozinho no mundo. Um dia ele saiu à noite para ver a lua cheia e fazer um pedido em segredo ao Deus dos ursinhos, pois ele sabia que em noites de lua cheia todos os pedidos se realizavam. E assim foi, ele pegou sua bolsinha e saiu pela floresta adentro...

Qual não foi sua surpresa! Ao chegar no meio da mata, havia uma festa, uma grande rave com muitos ursinhos, borboletas, coelhinhos e fofos de todos os tipos. O ursinho logo se enturmou e começou a cantar e a dançar muito com todos. Depois ele ficou cansado e sentiu uma enorme vontade de comer doce de padaria, é, sim, pois os ursinhos misteriosos adoram comer doce de padaria.

E foi quando ele se sentou embaixo de uma árvore de flores azuis, para comer seu doce, que ele ouviu uma voz que pedia: "Ei, me dá um pedaço, me dá um pedaço?". O ursinho ficou assustado quando ele viu quem era, seu coração bateu forte! Era um fofo, um enorme fofo, mas muito fofo mesmo. "Me dá um pedaço do seu doce de padaria?", ele pedia, com grandes olhos moles.

O ursinho misterioso que sempre gostou de dividir seus doces lhe deu um enorme pedaço, que o fofo engoliu de uma só vez, quase comeu o ursinho junto. Como reconhecimento da generosidade do ursinho, o fofo tirou do bolso uma enorme estrela brilhante e lhe deu de presente.

O ursinho ficou tão contente com o presente que saiu pulando de alegria, e pulou, pulou, pulou, pulou tanto que contagiou todo mundo, e o fofo também começou a pular. E deram as mãos e pularam e cantaram juntos a noite toda.

Eles ficaram muito amigos, amigos para sempre. E hoje o ursinho não é mais solitário, pois ele tem sempre consigo uma linda estrela brilhante para iluminar seu caminho e um amigo fofo, com quem divide seus doces de padaria.

E essa é a verdadeira história do ursinho misterioso, que teve o seu pedido realizado mesmo antes de fazê-lo. Sorte de ele ter saído naquela noite de lua cheia. Linda noite, aquela...

APÊNDICE

OBRAS DE CLAUDIA WONDER

FILMOGRAFIA

O marginal, Carlos Manga, 1974

O mulherengo, Fauzi Mansur, 1976 [como maquiadora]

A mulata que queria pecar, Victor di Mello, 1977

A próxima vítima, João Batista de Andrade, 1980

Elas só transam no disco, Ary Fernandes, 1983

Volúpia de mulher, John Doo, 1984

Sexo dos anormais, Alfredo Sternheim, 1984

Sexo livre, Alfredo Sternheim, 1985

Videomagia — Má Consciência, Vera de Sá e Marcelo Osório, TV Cultura, 1986

Douleur d'amour, Matthias Kälin e Pierre-Alain Meier, 1987

Temporada de caça, Rita Moreira, 1988

Foi bom pra você?, Duílio Ferronato, 1990

A cama do tesão, Lufe Steffen, 2000

Claudia Wonder International Show, Dácio Pinheiro, 2003

Carandiru, Hector Babenco, 2003

Espeto, Guilherme Marback e Sara Silveira, 2007

Identidade, Tia Emidia Comunicação, 2007

145 — Um Quatro Cinco, Gero Camilo, 2008

Meu amigo Claudia, Dácio Pinheiro, 2009

Luz nas trevas: A volta do Bandido da Luz Vermelha, Helena Ignez e Ícaro Martins, 2010

TEATRO

As Gigoletes, Wilson Va, déc. 1970

O que é que a boneca tem?, Mário Wilson, déc. 1970

Les Girls 77, fim da déc. 1970

As Gigolettes II, Mário Wilson, fim da déc. 1970

Depois eu conto, Ronaldo Ciambroni, fim da déc. 1970

Ave noturna, Ronaldo Ciambroni e Alberto Soares, 1981

Lobsalda, a vampira vulgar, Ronaldo Ciambrone, 1982

Lembranças, 1984

Nossa Senhora das Flores, a partir de Jean Genet, direção de Luiz Armando Queiroz e Maurício Aboud, 1984

Acords, a partir de Bertolt Brecht, direção de José Celso Martinez Corrêa, 1984

O homem e o cavalo, a partir de Oswald de Andrade, direção de José Celso Martinez Corrêa, 1985

Erótica, tudo pelo sensual, direção coletiva, 1988

Mostra de Dramaturgia do Pensamento Selvagem, direção de Francisco Carlos

Mostra de Dramaturgia do Pensamento Selvagem II, direção de Francisco Carlos

PARTICIPAÇÕES EM VIDEOCLIPES

Memórias, Pitty, 2008

Eu Mesmo, Radikalez, 2012

Mina de Família, Fulerô o Esquema

GRAVAÇÕES

"Each Man Kills The Thing He Loves". Trilha sonora do curta-metragem *A cama do tesão*, Lufe Steffen, 2000

"Virtual", em *Melopeia*. Compilação de sonetos musicados de Glauco Mattoso. Rotten Records, 2001

"Tônica do aliegalie", em *Body Rupture*. Coletânea de electro nacional. Lua Music

Claudia Wonder & The Laptop Boys, *FunkyDiscoFashion*. Lua Music, 2008

ESCRITOS

Colunas "Claudia Wonder" e "Hype", na revista *G Magazine*

"Wonderground trans", no site *G Online*

Olhares de Claudia Wonder. São Paulo: Edições GLS, 2008

Dados Internacionais de Catalogação na Publicação (CIP)
(Câmara Brasileira do Livro, SP, Brasil)

Pinheiro, Dácio
  Claudia Wonder : flor do asfalto / Dácio Pinheiro ;
prefácio Amara Moira ; posfácio Neto Lucon.
-- São Paulo : Ercolano, 2024.

  ISBN 978-65-85960-23-6

  1. Artistas - Brasil - Biografia 2. Travestis -
Brasil - Biografia 3. Wonder, Claudia, 1955-2010
I. Moira, Amara. II. Lucon, Neto. III. Título.

24-241495   CDD-709.2

Índices para catálogo sistemático:

1. Artistas : Biografia e obra 709.2
Eliete Marques da Silva - Bibliotecária - CRB-8/9380

ERCOLANO

Editora Ercolano Ltda.
www.ercolano.com.br
Instagram: @ercolanoeditora
Facebook: @Ercolanoeditora

Este livro foi editado em 2024
na cidade de São Paulo pela
Editora Ercolano, com as famílias
tipográficas Bradford LL e
Wremena, em papel Pólen
Bold 70 g/m² e Couché
90 g/m² e impresso na Leograf.